Cosa legge chi investe?

Elvira Anna Graziano

A chi c'è sempre
con un 'eccomi' dopo l'altro

ELVIRA ANNA GRAZIANO

COSA LEGGE CHI INVESTE?

NEWS, MEDIA E MERCATI FINANZIARI

LINK CAMPUS UNIVERSITY ROMA

Ringraziamenti

Voglio esprimere profonda gratitudine al Prof. Alessandro Carretta, essenziale riferimento accademico e scientifico, per la rilettura critica del lavoro fin dalle versioni preliminari.

Ringrazio il Presidente della Link Campus University Prof. Vincenzo Scotti, il Magnifico Rettore Prof. Claudio Roveda e il Rettore Vicario Prof. Adriano De Maio per lo stimolo intellettuale ottenuto.

Quanto a chi ha ricevuto lo stigma della dedica, ritengo che ben poco si possa aggiungere se non rinnovare il sentimento di riconoscenza.

Errori e carenze sono imputabili esclusivamente all'Autore.

Copertina a cura di Guglielmo De Gregori, Creative Director, Studio V, Vigamus Foundation (*guglielmodegregori at gmail dot com*).

EIF-e.Book Editore (*http://www.eifebook.com/*), Settembrre 2017 — ISBN 978-88-96639-26-9

Stampato e distribuito da Lulu Enterprises, Inc. (*www.lulu.com/*), 860 Aviation Parkway, Suite 300 - Morrisville, NC 27560 (U.S.A.) - ID: 21462819.

Indice

Introduzione

Un cambiamento di prospettiva: il passaggio dalla centralità delle informazioni alla centralità dei media nei mercati finanziari. L'obiettivo di questo lavoro cerca di verificare se i media oltre che produrre e far circolare le notizie, possano essere divenuti gli attori che hanno l'obiettivo di contribuire ad influenzare le scelte degli investitori. Se, infatti, i media rilasciano una notizia con un tono positivo o in modo enfatico che tipo di reazione si genera nei mercati finanziari?

La letteratura esistente si sofferma sull'impatto che i media esercitano attraverso la diffusione di notizie finanziarie sui comportamenti degli investitori, modificando gli andamenti dei prezzi dei titoli, la volatilità ed i volumi negoziati sui mercati finanziari. Studi più recenti, che affondano le proprie radici in una vasta letteratura cognitiva, considerano come l'aspetto semantico delle notizie rilasciate e la capacità dei media di catturare l'attenzione siano capaci di influenzare gli investitori: alla stregua di un qualsiasi individuo, l'emozione e l'attenzione che una notizia può suscitare in un investitore possono influenzarne scelte e comportamenti, esercitando un impatto sui mercati finanziari.

Il presente lavoro si colloca in questa prospettiva fornendo una visione completa e organica circa gli studi esistenti, le modalità di indagine nonché una verifica empirica sul tema. Il volume si articola in quattro capitoli: dapprima si affronta il tema del ruolo ricoperto dei media nei mercati finanziari, sottolineando la loro capacità di attirare l'attenzione degli investitori. Tale analisi è stata proposta sia per la stampa specializzata, sia per il web, con particolar riguardo ai social network. In seguito il focus si sposta sulla capacità dei media di rilasciare notizie con un tono positivo o meno e più o meno enfaticamente affiancando agli aspetti semantici relativi alle notizie, l'esame delle modalità di indagine degli stessi.

Viene poi presentata la metodologia dell'event study, la più diffusa in tema di misurazione della reazione di mercato ad un determinato evento. Oltre che sugli aspetti statistici del metodo, ci si è soffermati sull'importanza per gli studi riguardanti i media, di definire con accortezza l'event date, cioè la data dell'evento di cui si vuole stimare l'effetto sui prezzi azionari.

Infine si conclude proponendo una verifica empirica sul tema, nella quale ci si sofferma sull'impatto che la diffusione, l'aspetto semantico delle notizie pubblicate tra il 2000 ed il 2012 sul 'Wall Street Journal' (d'ora in poi WSJ)[1], e il livello di attenzione degli investitori producono sui rendimenti delle società parent che compiono un'operazione di spin-off[2], al momento del loro annuncio e al momento della pubblicazione della notizia. Al fine di

---

[1]Quotidiano americano secondo per numero di copie vendute

[2]Operazione di disinvestimento che si realizza quando una parte o l'intera attività di una società, detta madre, viene scorporata in una società separata ed indipendente detta, per l'appunto, 'società spin-off'. Le azioni di questa società vengono distribuite agli azionisti della società madre, spesso senza alcuna implicazione fiscale per la società controllante. Il tratto distintivo di un'operazione di spin-off rispetto ad altri interventi di ristrutturazione è l'assenza di un flusso di cassa sia per l'impresa madre sia per la spin-off

cogliere l'effetto che il rilascio di notizie relative ad operazioni di spin-off ha sui rendimenti delle società coinvolte nell'operazione stessa, si adotta la metodologia dell'event study; l'aspetto semantico delle notizie, declinato in termini di valenza positiva/negativa del contenuto e tono espositivo forte/debole adottato nel rilascio della notizia, si definisce attraverso la metodologia della text analysis.

Capitolo 1

Informare gli investitori: fonti e notizie

1.1 Introduzione

L'informazione è il driver principale della competizione a qualsiasi livello. Avere informazioni, in tempi celeri e prima dei competitor, consente di sfruttare un vantaggio economico da cui è possibile che vengano generati profitti. Pur evitando fenomeni di aggiotaggio[1] e di *insider trading*[2], nemmeno gli investitori

---

[1]Secondo l'art. 2637 del Codice Civile per aggiotaggio si intende il reato secondo il quale: «Chiunque diffonde notizie false, ovvero pone in essere operazioni simulate o altri artifizi concretamente idonei a provocare una sensibile alterazione del prezzo di strumenti finanziari non quotati o per i quali non è stata presentata una richiesta di ammissione alle negoziazioni in un mercato regolamentato ovvero ad incidere in modo significativo sull'affidamento che il pubblico ripone nella stabilità patrimoniale di banche o di gruppi bancari, è punito con la reclusione da uno a cinque anni».

[2]Per insider trading si intende la compravendita di titoli da parte di soggetti che, per la loro posizione all'interno della società emittente titoli o per la loro attività professionale, sfruttano informazioni di tipo privilegiato,

sono immuni dalla dinamica citata; la loro capacità di guadagnare dagli andamenti di borsa si basa sulla capacità di interpretare fenomeni economici e di reperire le informazioni utili al conseguimento di un guadagno. Tanto più si considerano piccoli investitori individuali, tanto più l'informazione e la velocità di reperirla diventano fondamentali.

Ma quali sono le principali fonti informative degli investitori? In che misura esse sono capaci di attirarne l'attenzione? Esistono notizie che sono in grado di attrarre maggiormente gli investitori? Di seguito, si passerà in rassegna una serie di studi esistenti che considerano da un lato le fonti e dall'altro le notizie che sono capaci di pilotare tale attenzione.

1.2   Media e mercati finanziari

Nei mercati finanziari una posizione di primaria importanza è occupata dalle informazioni. Diversi studi dimostrano come i mercati efficienti siano quelli i cui prezzi incorporano tutta l'informazione disponibile (Fama, 1970).

Tuttavia un filone di lavori successivi, che rientrano nell'ambito della finanza comportamentale, ha dimostrato come gli agenti economici e fra questi gli investitori, non perfettamente razionali nel prendere le proprie decisioni, reagiscono alle informazioni rilasciate nei mercati generando fluttuazioni nei prezzi delle azioni che quindi non riflettono tutta l'informazione disponibile (Kahneman e Tversky, 1979). Nel contesto in cui quindi le notizie occupano una posizione di centralità nei mercati finanziari, i me-

---

cioè riservate e non di pubblico dominio consentendo loro di assumere una posizione di vantaggio rispetto ad altri investitori del medesimo mercato. In questo senso si parla anche di asimmetria informativa.

dia assumono una rilevanza fondamentale per quanto riguarda la loro produzione e circolazione.

In materia, si sono dapprima espressi diversi studi cognitivi (Rozin e Royzman, 2001; Shoemaker e Reese, 1996; Gibson e Zillmann, 1994; Reeve, 1992; Damton, 1975): le notizie e i media influenzano il comportamento degli individui. Tra questi, meritano rilievo gli investitori che, compiendo le proprie scelte in relazione alle notizie e al canale con cui esse vengono diffuse, modificano gli andamenti dei prezzi dei titoli sui mercati finanziari. Con uno studio del 2000, Deephouse rileva come i media possono assumere due differenti funzioni all'interno dei mercati finanziari, non necessariamente incompatibili tra loro. Essi possono ricoprire il ruolo di broker informativo, limitandosi a diffondere 'passivamente' informazioni, oppure possono partecipare 'attivamente', esprimendo un giudizio che, essendo ritenuto qualificato, permetta agli attori operanti sui mercati di valutare meglio le loro scelte di investimento (Hayward, Rindova, Pollock, 2004; Pollock, Rindova, 2003).

Gli studi sul ruolo dei media nei mercati finanziari si distinguono nella loro capacità di catturare l'attenzione degli investitori in base alla tipologia del medium considerato; ad esempio, la stampa e il Web catturano in egual misura l'attenzione degli agenti economici e nello specifico degli investitori?

1.2.1 Qual è il ruolo della stampa?

La stampa è da sempre considerata il medium per eccellenza: l'invenzione e la diffusione della stampa sono infatti considerate la più grande trasformazione tecnologico-culturale nella storia dell'Europa che sancisce la fine del Medioevo avviandosi all'era moderna. I quotidiani hanno rivestito e rivestono tuttora – nonostante l'avvento dell?Internet abbia cambiato le gerarchie comunicative - un ruolo centrale nella formazione dell'opinione pubblica a livello culturale, politico ed economico. Come i media in generale, la stampa è capace di influenzare le scelte ed i comportamenti degli individui. Secondo gli studi esistenti in ambito economico-finanziario, la stampa specializzata può ricoprire nei mercati finanziari un ruolo non significativo, negativo o, alternativamente, positivo (Joe, Louis e Robinson, 2009; Core, Guay e Larcker, 2008; Salter, 2008; Ryan e Taffler, 2004; Moss, 2004; De Angelo e Gilson, 1996; Berry e Howe, 1994; Mitchell e Mulherin,1994; De Angelo et al., 1994; Cutler, Poterba e Summers, 1989; Jensen, 1979).

Basandosi sul contributo di Niederhoffer (1971), Cutler, Poterba e Summers (1989) hanno dimostrato che, considerando le notizie macroeconomiche del mercato statunitense, si spiega solo un terzo della varianza dell'indice di mercato. Inoltre, in corrispondenza degli eventi politici e sociali più importanti, essi non hanno notato significativi movimenti del mercato, che invece si realizzano nei giorni senza alcun identificabile maggior rilascio di notizie.

Ricerche successive (Mitchell e Mulherin,1994; Berry e Howe, 1994) hanno sottolineato come la stampa finanziaria eserciti una lieve influenza sui rendimenti dei titoli e sul volume del trading oltre l'orizzonte di breve periodo. Per contro, Ryan e Taffler (2004) hanno in seguito dimostrato come, nel mercato inglese, variazioni significative nei prezzi dei titoli e nel volume degli scambi siano guidate da notizie firm-specific. Tuttavia, questi studi non evidenziano le determinanti degli effetti dei media e né escludono che la copertura mediatica possa influenzare le singole imprese, o il mercato più in generale, in modi diversi da variazioni immediate nei prezzi e nei volumi degli scambi.

Un ruolo negativo è riconosciuto alla stampa come intermediario di informazioni, nel caso in cui essa si concentri su alcune notizie che suscitano un maggiore scalpore al solo fine di vendere un maggior numero di copie di giornali (Core, Guay e Larcker, 2008; De Angelo e Gilson, 1996; De Angelo, 1994; Jensen, 1979): a tal scopo, alcuni studi, fra cui Moss (2004), hanno dimostrato che la stampa, distorcendo le informazioni, ha indotto in errore gli investitori.

Un altro filone di studi, seguendo Stiglitz (1999, 2002) e Dick e Zingales (2002, 2008), ritiene che la stampa svolga un ruolo positivo negli ambiti di corporate finance, corporate governance, sviluppo economico e politica, in quanto, attraverso la diffusione delle informazione, promuove la trasparenza ed espone al giudizio del pubblico dirigenti, politici e regolatori. Il Wall Street Journal è stato considerato determinante nel far emergere i problemi della società Enron, che condussero ad ispezioni da parte degli organi regolatori ed in seguito al crollo della stessa società (Salter, 2008). Joe, Louis e Robinson (2009), seguendo questo filone di studi, hanno trovato che l'esposizione mediatica dell'inefficacia del board di una società obbliga quest'ultima ad intraprendere azioni correttive mirate a salvaguardare lo shareholder value. Nello specifico, essi hanno altresì notato che i singoli investitori reagiscono negativamente a tale esposizione mediatica, mentre gli investitori istituzionali non manifestano alcuna reazione negativa, in quanto tendono ad anticipare le azioni correttive intraprese dalle società interessate.

Ma in che modo la stampa è capace di attirare l'attenzione degli agenti economici e nello specifico degli investitori?

Una branca delle ricerche in merito considera proprio quest'aspetto e la sua influenza sul comportamento degli investitori (Pollock, Rindova e Maggitti, 2008; Barber e Odean, 2008; Shiller, 2005; Hong, Kubik e Stein, 2004; Barber e Odean, 2003). Rendendo alcuni titoli azionari più familiari di altri (Lehavy e Sloan, 2008; Li, 2004; Huberman, 2001; Kang e Stulz, 1997) si provocano, in linea teorica, shock nei livelli di attenzione degli investitori che possono influenzare gli andamenti dei mercati azionari (Daniel, Hirshleifer e Subrahmanyam, 1998; Hong e Stein, 1999). Diversi studi empirici verificano questa relazione (Chemmanur e Yan, 2011; Gao e Oler, 2011; Da, Engelberg e Gao, 2011; DellaVigna e Pollet, 2009; Barber e Odean 2008; Cohen e Frazzini, 2008; Peng, Xiong e Bollerslev, 2007; Huberman e Regev, 2001).

Chemmanur e Yan (2011) trovano che un aumento nei livelli di attenzione degli investitori determina un contemporaneo aumento dei rendimenti azionari, mentre riduce i rendimenti futuri sia nel breve termine che nel lungo termine. Da, Engelberg e Gao (2011) dimostrano che i rendimenti delle azioni di società coinvolte in operazioni di IPO risultano fortemente influenzate dall'attenzione degli investitori.

Della Vigna e Pollet (2009) confrontano la reazione dei rendimenti azionari ad annunci di utili pubblicati durante la giornata di venerdì, quando gli investitori hanno maggiori probabilità di essere disattenti, rispetto agli annunci di utili avvenuti in altri giorni della settimana. Gli autori scoprono che quando la notizia viene rilasciata il venerdì la reazione dei volumi e dei prezzi dei titoli è molto più contenuta rispetto a quando l'annuncio viene rilasciato in altri giorni della settimana. Cohen e Frazzini (2008) mettono in evidenza che in presenza di investitori soggetti a vincoli sull'attenzione, i prezzi delle azioni non incorporano in maniera tempestiva le notizie riguardanti le relative società. Peng, Xiong e Bollerslev (2007) supportano l'ipotesi secondo cui in condizioni di mercato incerte, gli investitori spostano la loro limitata attenzione sulle notizie che riguardano il mercato in generale, trascurando dunque le notizie riguardanti i titoli specifici. La stampa tende quindi a dedicare maggior spazio alle notizie più lette a scapito di quelle che riguardano i titoli specifici.

In un'analisi del 2005, Shiller ha indagato il ruolo dei media a seguito delle crisi dei mercati azionari del 1929 e del 1987, concludendo che, mentre la pubblicazione di notizie che anticipano le crisi non produce effetti rilevanti, quella delle notizie riguardanti l'evento crisi in sé causa un aumento dell'attenzione da parte degli investitori ai movimenti del mercato e, in tal modo, la stampa diventa fondamentale nella propagazione dei movimenti dei prezzi. Barber e Odean (2003) sostengono che, poiché gli individui affrontano grandi difficoltà nella ricerca delle azioni da comprare, tendono ad impegnarsi nell'acquisizione di quelle capaci di catturare la loro attenzione.

Gli effetti della capacità delle notizie di catturare l'attenzione degli investitori, influenzandone le decisioni di acquisto, sono sostenute empiricamente dagli stessi autori in uno studio del 2008. Secondo Barber e Odean (2008), infatti, osservando il comportamento di circa 10.000 investitori individuali e 43 investitori istituzionali lungo un periodo di circa 5 anni, i primi, che dispongono anche di un livello di informazione inferiore, tendono a essere acquirenti netti di titoli nei 'giorni di alta attenzione', cioè in cui: (i) l'impresa sottostante era citata dai quotidiani, (ii) il volume del trading era stato superiore al normale, (iii) il giorno precedente si era realizzato un elevato rendimento giornaliero. Al contrario i secondi, che dispongono di un livello di informazione superiore, negli stessi giorni tendono a essere venditori netti.

I media, inoltre, avranno un impatto sui mercati finanziari, nella misura in cui saranno capaci di attirare l'attenzione degli investitori, di rendere disponibili le informazioni e di permettere l'interazione tra gli investitori, facendo aumentare la probabilità che essi investano nel mercato azionario (Hong, Kubik e Stein, 2004). Seguendo questo filone, Pollock et al. (2008) hanno esaminato come i quotidiani e gli investitori allocano la loro attenzione e valutano le imprese pubbliche coinvolte in una offerta pubblica iniziale, il giorno successivo a questa operazione. Ne risulta che l'attenzione crescente nei confronti della società coinvolta nell'IPO, influenza l'andamento dei mercati finanziari. Gon e Oler (2011) confrontano i rendimenti di società che effettuano operazioni di takeover precedute da rumor con quelli relativi a società per ciò non accade. Gli autori osservano che nel caso in cui le operazioni di acquisizione siano preceduti da rumor, i rendimenti ed i volumi negoziati registrano una reazione significativa. Carretta, Farina, Graziano e Reale (2013) trovano come, per le operazioni di spin-off la cui notizia è apparsa sul WSJ nei giorni di alta attenzione, si verifica un aumento del volume degli scambi nelle negoziazioni. Johnson, Ellstrand, Dalton e Dalton (2005) si concentrano invece sulla tipologia di giornale in cui la notizia viene pubblicata. Gli autori infatti, hanno analizzato l'impatto della pubblicazione sulla rivista Business Week dei rating dei consigli di amministrazione di alcune società sui rendimenti dei rispettivi titoli, trovando un riscontro positivo al fatto che la pubblicazione di notizie di governance favorevoli o sfavorevoli si traduce in rendimenti anomali positivi o negativi delle azioni e che la pubblicazione delle notizie di governance (favorevoli o sfavorevoli) ha un impatto addirittura maggiore delle informazioni sulla governance rese pubbliche dalle società sui rendimenti anomali delle loro azioni. Huberman e Regev (2001) confrontano l'effetto di una notizia diffusa per mezzo del quotidiano New York Times rispetto all'effetto prodotto dalla diffusione della stessa notizia da parte della rivista Nature e da vari giornali popolari (tra cui il Times) più di cinque mesi prima.

I risultati mostrano come i quotidiani possono influenzare i corsi azionari pur non fornendo alcuna nuova informazione, a conferma dell'importante ruolo esercitato sull'attenzione degli investitori: infatti, l'effetto della notizia pubblicata sulla rivista Nature sui rendimenti delle società coinvolte, risulta più contenuto rispetto all'effetto prodotto dalla pubblicazione sul New York Times, pur essendo una notizia 'di prima mano'.

1.2.2 Investitori e Web: quando le notizie corrono in rete

Rispetto alla stampa specializzata, il Web ha cambiato la comunicazione in termini dei concetti di tempo e spazio. La modernità liquida di Bauman (2003) ha modificato i rapporti anche economici, riguardanti gli investimenti: basti pensare che alle borse valori che da luoghi fisici in cui gli operatori si incontravano per le negoziazioni si sono trasformati in piattaforme telematiche dove essi operano in remoto inserendo gli ordini di acquisto e vendita. Internet, costituendo un canale di comunicazione che diffonde le notizie in tempi più rapidi, permette altresì lo scambio di opinioni in tema di investimenti a un costo all'incirca nullo.

I forum online ad esempio, sono luoghi virtuali molto frequentati dagli investitori. In particolar modo la popolarità di questo strumento tra i trader individuali, rendono questo luogo di scambio informativo un'opportunità ghiotta per le figure istituzionali e professionali che lo utilizzano per influenzare il mercato (Wu, Zheng e Olson, 2014; Meyer, Bikdash e Dai, 2017).

In merito, Bagnoli, Beneish e Watts (1999) hanno verificato come la capacità predittiva delle whisper forecasts sia superiore a quella delle previsioni effettuate dagli analisti finanziari. Tale capacità è stata tuttavia in seguito smentita dalle indagini di Tumarkin e Whitelaw (2001) e di Das e Chen (2007). Choi, Laibson e Metrick (2000), che, osservando un campione di investitori che aveva utilizzato internet, hanno invece riscontrato che il numero di transazioni era circa raddoppiato ed il turnover del portafoglio era aumentato pressoché del cinquanta percento, dopo l'impiego di internet. Wysocki (1998) ha verificato l'esistenza di una relazione tra la variazione del numero di post apparsi su internet relativi ad alcune società e le successive variazioni dei rendimenti e dei volumi di negoziazione delle azioni.

Con riferimento a questo filone di ricerca, Antweiler e Frank (2004) hanno anch'essi osservato i messaggi postati su due piattaforme telematiche, Yahoo! Finance e Raging Bull, indagando su come i messaggi dal contenuto positivo influenzino i rendimenti delle azioni. Dalla ricerca non è emersa alcuna significativa relazione fra i messaggi positivi postati ed i rendimenti dei titoli, ma è stato osservato che l'attività di messaggistica in sé produce un impatto sul volume del trading e sulla volatilità dei rendimenti.

Più di recente le ricerche o hanno considerato l'impatto che il Web 2.0 ha avuto sugli andamenti dei mercati finanziari. Tale espressione è stata usata per la prima volta da Tim O'Reilly nel 2004 e sta ad indicare una seconda generazione di servizi in rete, che consente alle persone di collaborare e condividere informazioni online. Infatti il Web offre nuovi canali di diffusione delle informazioni, dove i social network, i blog ed il microblogging (Facebook, Google+, Twitter, ecc.) possono essere considerati dei luoghi di interazione dove l'informazione non solo viene diffusa ma addirittura originata. L'avvento e diffusione dei social network hanno infatti ulteriormente accelerato gli scambi di informazioni.

Con un meccanismo simile al word of mouth, questi strumenti consentono una partecipazione attiva da parte degli utenti, attraverso la possibilità di esprimere e diffondere commenti. Per tale motivo essi diventano un interessante ambito di studio sia delle modalità di circolazione delle notizie finanziarie sia del livello di consapevolezza e dei comportamenti finanziari degli individui. Shiller (2000) sostiene che la diffusione delle idee attraverso il 'word of mouth' su internet è un fattore importante per quanto riguarda le fluttuazioni dei mercati azionari, sia giorno per giorno sia di ora in ora. A testimoniare la grande rilevanza che questi network stanno assumendo per la diffusione delle informazioni, vi è il fatto che spesso essi vengono utilizzati anche dai media tradizionali (Armstrong, Gao, 2010).

Diversi studi si sono concentrati su Twitter, uno dei più importanti siti di microblogging. Una delle prime ricerche quantitative, basate su dati estrapolati da Twitter è stata svolta con l'intento di mettere in relazione struttura della rete sociale degli utenti ed le loro interazioni basate sullo scambio dei messaggi (Huberman, Romero, Wu, 2009). Carretta, Farina e Nako (2013) hanno condotto la loro analisi utilizzando Twitter, a partire dal tracciamento dell'intero flusso di tweet convergente attorno all'hashtag 'spread' durante il periodo 21-30 Maggio 2012. Ciò che emerge dallo studio è che la capacità di influenza dei media tradizionali è ancora rilevante ma anche che i blog (soprattutto di tipo finanziario) stanno assumendo un'importanza crescente nella diffusione delle notizie sul social network. Seguendo la stessa impostazione, Graziano, Vicentini, Fontana e Della Peruta (2016) hanno dimostrato come nel periodo 16 febbraio - 16 marzo 2016 si siano diffuse su Twitter le notizie convergenti attorno agli hashtag 'bancaetruria' e 'bailin'. Analogamente allo studio precedente, dall'analisi emerge come gli attori principali nella propagazione delle notizie riguardanti la vicenda di Banca Etruria sono i media tradizionali, mentre nel caso del bail-in sono i blog con particolar riguardo per quelli di tipo finanziario. Nei giorni di elevata attenzione si registra poi una ricaduta importante sui volumi dei titoli bancari negoziati.

1.3 Conclusioni

Notizie e media ricoprono un ruolo chiave nei mercati finanziari, in quanto influenzano le scelte compiute dagli investitori. Ma quali sono i media capaci di attirare maggiormente l'attenzione degli investitori? Ci sono notizie che colpiscono più di altre?

La letteratura in materia fonda le sue radici su studi cognitivi per poi svilupparsi nell'ambito della finanza comportamentale.

Sebbene gli studi esistenti individuino come i media possano anche giocare un ruolo neutrale o negativo nei mercati finanziari, si è ormai concordi nell'accettare la funzione positiva ricoperta dai mezzi di comunicazione. La stampa, in particolar modo quella specializzata, e l'internet sono i canali di comunicazione che riescono a catturare in misura maggiore l'attenzione degli investitori.

Il primo rappresenta la credibilità: una notizia pubblicata su un quotidiano finanziario specializzato è percepita dall'investitore come una notizia attendibile in base alla quale poter orientare le proprie scelte di investimento.

L'Internet è il canale che ha cambiato i concetti di spazio e di tempo anche per quanto riguarda il settore finanziario. La velocità di diffusione e fruizione delle notizie, la possibilità di poter accedervi 24 ore su 24, nonché grazie all'avvento e sviluppo del Web 2.0 e dei social network, la possibilità di interagire con altri operatori non solo fruendo, ma anche contribuendo alla costruzione e propagazione, hanno portato a concludere come questo media sia in grado di condizionare i comportamenti degli investitori e quindi gli andamenti dei mercati finanziari, misurati in termini di variazioni dei prezzi di borsa, variazioni nei volumi negoziati e volatilità.

A questo punto appare lecito domandarsi se anche gli aspetti semantici delle notizie diffuse a mezzo stampa o sul Web hanno un impatto sui comportamenti degli investitori, e quali sono le metodologie di indagine di questi aspetti.

Capitolo 2

Misurare il contenuto delle notizie

2.1 Introduzione

Se è noto che la diffusione di una nuova informazione condiziona il comportamento degli agenti economici, analogamente il significato del contenuto della notizia pubblicata è in grado di influenzarne le scelte. L'ambito della semantica (per l'appunto dal verbo *semaìno*, cioè 'significare') delle comunicazioni attiene a quella parte della linguistica che comprende gli studi riguardanti il significato delle parole, delle frasi e dei testi. La semantica è stata sempre indagata in relazione ad altre discipline prima cognitive e poi sociali, come quelle economiche e finanziarie. Così sono state individuate relazioni tra elementi qualitativi tipici della semantica dei linguaggi, come la valenza del contenuto delle parole, e le grandezze di stampo economico-finanziario. Come si parla di questa o quell'altra società? Con che enfasi è rilasciata la notizia? Quali sono gli impatti di questi aspetti sul comportamento degli agenti economici ed in particolare degli investitori?

2.2   Gli aspetti semantici delle notizie

Gli studi sull'impatto delle informazioni e dei media sul comportamento degli individui sono stati affiancati dagli studi circa l'influenza degli aspetti semantici delle informazioni sulle scelte degli agenti economici: questo perché il contenuto e le modalità di rilascio delle notizie sono in grado di condizionarne il comportamento.

Come per la letteratura sulle informazioni e media, anche nel caso della semantica delle comunicazioni gli studi fondano le loro radici sulla letteratura di tipo cognitivo (Baumeister, Bratslavsky, Finkenauer e Vohs, 2001; Rozin e Royzman, 2001; Shoemaker e Reese, 1996; Gibson e Zillmann, 1994; Reeve, 1992; Fiske e Taylor, 1991; Brief e Motowidlo, 1986; Damton, 1975).

Alcuni di questi lavori (Baumeister et al., 2001; Rozin e Royzman, 2001; Fiske e Taylor, 1991; Brief e Motowidlo, 1986), mostrano che la percezione delle notizie da parte di individui varia in base alla valenza positiva o negativa del loro contento e che le notizie negative hanno un impatto maggiore sulla percezione degli individui rispetto alle notizie positive, a parità di espressività adottata.

Altre ricerche invece si concentrano sull'enfasi con cui le notizie vengono comunicate in quanto, secondo Reeve (1992), l'emozione che una notizia può suscitare in un individuo, può influenzarne il comportamento. Shoemaker e Reese (1996) sostengono che i giornali tendono ad enfatizzare alcune notizie per attrarre il pubblico, con la conseguenza che i giornalisti tendono ad accentuare alcuni aspetti della notizia in modo da scrivere articoli più accattivanti e massimizzarne l'impatto sui lettori (Damton, 1975).

Secondo Gibson e Zillmann (1994), questa enfatizzazione delle notizie fa aumentare il coinvolgimento dei lettori e la credibilità del contenuto degli articoli. I contributi in merito all'influenza del media sentiment, considerato nella loro accezione semantica (in termini di valenza positiva o negativa del contenuto e tono espositivo forte o debole adottato) sull'investor sentiment e quindi sul suo comportamento, sono di recente sviluppo e ancora limitati (Graziano, 2016; Carretta, Farina, Graziano e Reale, 2013; Carretta, Farina, Fiordelisi, Martelli e Schwizer, 2011; Dell'Acqua, Perrini e Caselli, 2010; Gong e Gul, 2010; Niehaus e Zhang, 2009; Tetlock, Saar-Tsechansky e Mackassy, 2008; Tetlock, 2007; Doukas, Kim e Pantzalis, 2005; Coval e Shumway; 2001).

Per quanto riguarda l'impatto sui mercati degli aspetti semantici delle notizie diffuse, il contributo di maggior rilievo si rinviene in Carretta et al. (2011), nel quale è stata trovata, per il mercato italiano, una relazione fra il tono (forte o debole) e la valenza (positiva o negativa) delle notizie di corporate governance apparse sulla stampa specializzata italiana ed il comportamento degli investitori.

Gli autori, al fine di esaminare la valenza positiva o negativa delle notizie ed il tono delle stesse, hanno utilizzato la metodologia della text analysis, mentre, per la valutazione dell'impatto delle notizie così considerate sui prezzi delle azioni, sono ricorsi alla costruzione di un event study. Dall'analisi, fra l'altro, è emerso che per le imprese profittevoli, il tono con cui la notizia viene rilasciata influenza positivamente i rendimenti anomali cumulati, consistentemente con l'idea secondo cui gli investitori, influenzati dal tono con cui vengono rilasciate le notizie relative alle società redditizie, tendono ad acquistare le loro azioni.

Nello stesso studio, è stato in aggiunta osservato come alcuni temi tendano ad avere un impatto maggiore sui rendimenti dei titoli delle società coinvolte rispetto ad altri. Utilizzando la medesima metodologia, Graziano (2016) ha trovato che per le imprese coinvolte in operazioni di spin-off le notizie pubblicate sul WSJ con contenuto positivo tendono ad amplificare l'effetto sui rendimenti anomali del titolo delle società, così come le notizie rilasciate con un tono espositivo forte. Per quanto riguarda invece il contenuto negativo e il tono espositivo debole, la reazione degli investitori è registrata in un lasso di tempo superiore, rispetto alla data di pubblicazione della notizia.

Gong e Gul (2010) hanno analizzato l'impatto della copertura mediatica sui comportamenti degli investitori cinesi nel periodo 2000-2006. Essi propongono una misura della copertura mediatica che tiene conto della quantità, ma anche della qualità delle notizie, intesa come valenza del contenuto delle stesse. Tale misura viene confrontata con un indicatore di media coverage che considera la frequenza delle notizie. Secondo entrambe le misure di media coverage, in corrispondenza di valori più elevati degli indicatori, si evidenzia una maggiore partecipazione al mercato. In aggiunta, l'analisi empirica proposta mostra che la quantità delle notizie esercita un impatto maggiore sulle decisioni degli investitori, mentre la variabile qualità risulta trascurabile.

Dell'Acqua, Perrini e Caselli (2010) hanno notato, a proposito della volatilità dei prezzi, una riduzione di questa per i titoli delle imprese high tech, quotate nei mercati americani, collegata alla voluntary disclosure seguente l'introduzione della Regulation Fair Disclosure, emanata dalla Securities and Exchange Commission (SEC) all'interno del Selective Disclosure and Insider Trading Act. Per quanto riguarda la relazione fra diffusione delle informazioni e volumi delle negoziazioni, Niehaus e Zhang (2009) hanno verificato che la diffusione delle analisi su un titolo aumenta in media la quota di mercato di ogni broker, in termini di volume del trading, dello 0,8%.

Tetlok, Saar-Tsechansky e Mackassy (2008) e Tetlock (2007) hanno identificato un legame tra le notizie relative ad alcune società pubblicate sul WSJ ed il successivo andamento dei rispettivi corsi azionari. Nello specifico, questi contributi hanno identificato una relazione statisticamente significativa tra la valenza delle notizie inerenti alle singole società ed il volume del trading, i rendimenti e la volatilità dei prezzi delle rispettive azioni. In aggiunta, Tetlock (2007) ha osservato che un livello di pessimismo dei media, insolitamente alto o basso, preannuncia elevati volumi degli scambi di mercato. Inoltre, un livello di pessimismo elevato segnala una pressione al ribasso dei prezzi di mercato, seguita da un'inversione nei fondamentali. ßSecondo Tetlock, Saar-Tsechansky e Mackassy (2008), la percentuale di parole negative presenti nel testo di una notizia riguardante un'impresa, preannuncia una variazione negli indicatori di redditività della stessa. Inoltre, per quanto concerne il contenuto delle notizie, hanno rilevato che alcune esercitano un effetto nel breve periodo, altre invece nel medio e lungo termine. In tema di influenza sui rendimenti dei titoli, una diffusione eccessiva delle analisi di mercato aumenta l'ottimismo degli investitori, generando overvaluation e bassi rendimenti futuri (Doukas, Kim e Pantzalis, 2005).

Ma come si misurano gli aspetti semantici relativi al media sentiment? Il paragrafo successivo illustrerà le modalità di indagine di questi ultimi in un'ottica economica-finanziaria.

2.3 Text e Content Analysis: la modalità di indagine

Analizzare contenuti ed aspetti semantici dei testi è possibile attraverso metodologie di text e content analysis. Queste tipologie di indagine si sono evolute in procedure automatizzate per una duplice ragione: da un lato, la necessità di processare una mole sempre più ingente di informazioni, una massa testuale molto importante da cui ricavare le informazioni rilevanti; dall'altro, la crescente disponibilità di tecnologie informatiche e linguistiche hanno consentito di estrarre dai testi alcune caratteristiche essenziali capaci di descriverne ed interpretarne il contenuto in termini anche semantici.

Le metodologie di Computer Aided Text Analysis (CATA) utilizzano un'analisi automatica dei testi basati quindi non sulla lettura diretta, bensì da un esame del testo mediato dall'uso di software che consentono:

1. una maggiore velocità nel processare i testi che si intendono analizzare;

2. la possibilità di processare testi molto ampi;

3. la possibilità di effettuare innumerevoli confronti all'interno del testo esaminato.

L'obiettivo di questo approccio è quello di fornire alcune rappresentazioni del contenuto dell'insieme dei di testi oggetto indagati (detto corpus del testo) estraendone alcune caratteristiche, attraverso misurazioni di tipo quantitativo.

Seguendo una logica di tipo statistico, l'utilizzo di queste metodologie sottolinea la possibilità di ricavare informazioni strettamente qualitative, quali possono essere appunto la valenza del contenuto di una notizia o la forza espositiva adottata nel suo rilascio, a partire da risultanze tipicamente quantitative, tipiche della statistica. La più semplice delle tecniche di text analysis è l'analisi delle concordanze. L'impiego di questa tipologia di indagine di tipo unidimensionale permette la comprensione di diversi usi e significati di uno stesso termine nel corpus del testo. Questo processo consente di inquadrare i diversi significati nel complesso al fine di definire ad esempio, il lessico di un autore, di un testo con un gergo specifico, come quello religioso o finanziario.

Accanto all'analisi delle concordanze si sviluppa un approccio multidimensionale che prende il nome di analisi delle corrispondenze. Attraverso l'analisi delle corrispondenze, il corpus del testo in esame viene spezzato in frammenti (individuabili in proposizioni elementari, singoli documenti o anche singole notizie pubblicate in un quotidiano) o per parti (cioè, insieme di frammenti raggruppati secondo un criterio logico comune, come la stessa data o lo stesso topic). La frequenza delle parole a questo punto viene calcolata non nell'intero corpus, ma nei frammenti o nelle parti. L'evoluzione delle tecniche di text analysis è rappresentata da procedure di text mining che possono sintetizzarsi secondo le logiche di information retrieval e di information extraction (Bolasco, 2013). Attraverso l'information retrieval, si reperiscono le informazioni d'interesse da una vastità di fonti e documenti impostando nei software usati la query d'interesse. Il recupero dei documenti può essere di tre tipi:

1. ortografico, il quale considera la presenza delle parole nel testo;

2. semantico, secondo cui le parole vengono associate al concetto che vogliono esprimere;

3. statistico, in base al quale si considera la ricorrenza delle parole.

La procedura dell'information extraction invece consente di sintetizzare le informazioni d'interesse nei documenti recuperati.

In ambito finanziario, la metodologia della text analysis (Stone, Dunphy, Smith e Ogilvie, 1966) impiegata attraverso il ricorso al software Wordsmith 4 (Scott, 1999) della Oxford University viene adottata con lo scopo di indagare l'aspetto semantico delle informazioni in termini di valenza del contenuto (positiva o negativa) e tono espositivo (forte o debole) utilizzato nel rilascio delle stesse al fine di valutarne l'impatto sul comportamento degli investitori e quindi, gli andamenti di borsa.

Dal punto di vista operativo, il software Wordsmith 4 conta il numero di parole in ogni notizia che rientrano nelle categorie di termini positive/negative e forti/deboli presenti nei vocabolari utilizzati.

Importante è infatti la scelta del vocabolario usato per svolgere l'analisi semantica di tipo finanziario. I primi studi utilizzarono un vocabolario generico, il Harvard IV Psycho – Social sviluppato classificando termini che potessero essere usati per studi di tipo cognitivo e sociale. In questo vocabolario, ogni categoria contiene un elenco di parole, la cui ricorrenza nel testo permette di classificare una notizia come positiva/negativa e/o forte/debole. Tuttavia, data la presenza nella categoria 'negative' di parole (come cancro, mio, capitale) che non consentono di identificare in maniera univoca eventi finanziari negativi. Per questa ragione di recente è stato pubblicato un elenco rivisto di termini calibrato appositamente su eventi finanziari. Tale vocabolario è stato messo a punto nel 2011 dagli studiosi Loughran e McDonald, considerando per l'appunto le parole che in genere hanno solo implicazioni in senso finanziario. Nel dettaglio, la categoria di parole negative conta 2,337 record, mentre quella di parole positive ne comprende 353; analogamente, 27 sono le parole annoverate nella categoria che identificano un tono espositivo debole, mentre la categoria di parole che individuano un tono espositivo forte si compone 19 record. L'utilizzo di liste di parole di diverse dimensioni potrebbero influenzare la skewness[1] della distribuzione sia per quanto riguarda la valenza del contenuto delle notizie, sia per quanto riguarda il tono espositivo adottato per il loro rilascio. Tuttavia la sua applicazione è co-

---

[1]La skewness rappresenta un indice di asimmetria di una distribuzione, cioè un valore che fornisce la misura della sua mancanza di simmetria.

munque diffusa per due ragioni fondamentali: innanzitutto consente la stabilità e riproducibilità dei risultati perché permette di replicare l'analisi; poi perché il problema viene delimitato considerando il numero di volte che le diverse parole di ogni categoria (positiva/negativa o forte/debole) sono ripetute nel testo.

Una volta stabilita la ricorrenza di alcuni termini nel testo utilizzato, la determinazione della valenza del contenuto (positiva/negativa) e del tono espositivo (forte/debole) delle notizie esaminate avviene adottando la scala di giudizio proposta da Osgood, Suci e Tannenbaum (1957). Tale scala rappresenta il modo di rapportarsi rispetto al contenuto di una certa notizia sulla base dei termini in essa contenuti: la valenza rappresenta un giudizio di valore e permette di esprimere il grado con cui la notizia è positiva o negativa, mentre il tono espositivo rappresenta la forza o l'intensità espressa dalla notizia.

Per stabilire la valenza di un contenuto, la formulazione più adottata per studi in tale ambito (Barber e Odean, 2008; Carretta et al., 2011; Graziano 2016) è la seguente:

$$(P - N)/W$$

dove P ed N sono rispettivamente il numero di parole positive e negative contenute nel testo analizzato, secondo la classificazione data dal vocabolario adottato; W rappresenta il totale delle parole contenute nel documento esaminato. Il valore che si ottiene in questo modo è compreso fra –1 (notizia completamente negativa) e 1 (notizia completamente positiva).

Per stabilire il tono espositivo adottato nel rilascio delle notizie in maniera analoga al contenuto, la formulazione adottata è la seguente:

$$(F - D)/W$$

dove F ed D sono rispettivamente il numero di parole forti e deboli contenute nel testo, secondo la classificazione data dal vocabolario utilizzato; W rappresenta il totale delle parole contenute nel documento esaminato. Anche in questo caso, il valore che si ottiene in questo modo è compreso fra −1 (notizia completamente debole) e 1 (notizia completamente forte).

Quali sono i limiti di queste metodologie? Le analisi svolte attraverso l'ausilio di questa tipologia di software hanno il pregio di riuscire a processare innumerevoli fonti in maniera veloce a scapito però della capacità di cogliere l'ironia o il sarcasmo da alcune espressioni: termini positivi (o negativi) e termini forti (o deboli) vengono processati per la loro valenza ed enfasi espositiva considerati in senso assoluto e non rispetto al senso del testo esaminato.

2.4   Conclusioni

'Come' si parla di un argomento e l'enfasi con cui se ne parla sono aspetti capaci di influenzare parimenti al rilascio dell'informazione in sé, le scelte degli agenti economici fra cui spiccano gli investitori. Analogamente agli studi relativi all'impatto del rilascio di informazioni sui mercati finanziari anche in questo caso, la disciplina della semantica linguistica è stata analizzata nella sua interazione dapprima con studi sociologici e cognitivi e solo in seguito in relazione a discipline sociali come l'economia e la finanza. Molti di questi studi sono concordi nell'attestare come gli aspetti semantici di notizie di tipo economico e finanziario influenzino il comportamento degli investitori e quindi gli andamenti dei mercati finanziari, espressi in termini di volumi di negoziazione in aumento o diminuzione, di rendimenti azionari e/o di volatilità.

Ma come vengono analizzati la valenza del contenuto di una notizia e la forza espositiva utilizzata nel rilasciare la stessa?

Le metodologie di indagine di questi aspetti semantici rientrano nelle tecniche di text e content analysis, attraverso procedure automatizzate che rientrano nelle Computer Aided Text Analysis (CATA). Sulla base di queste tecniche la valenza positiva o negativa del contenuto di una notizia di tipo economico-finanziario, così come la forza espositiva adottata nel rilasciare la stessa, viene calcolata considerando nel testo analizzato il rapporto tra la variazione tra parole positive (o forti) e parole negative (o deboli) rispetto al totale delle parole presenti nel testo. I termini presenti nel testo vengono categorizzati in base ad un vocabolario specifico.

Per studi di tipo finanziario il vocabolario più utilizzato è quello di Loughran e McDonald (2011) in cui vengono ricompresi nelle diverse categorie, termini specifici del linguaggio economico e finanziario. I pregi di queste tecniche di indagine risiedono nella velocità e nella capacità di processare una mole notevole di informazioni. Tali metodiche di indagine sono invece inadeguate nel cogliere aspetti legati all'ironia o al sarcasmo espresso in un testo in quanto considerano la ricorrenza dei termini in modo assoluto nel testo e non rispetto alla semantica frasale del testo.

Come vengono misurati gli impatti di questi aspetti sul comportamento degli investitori?

Capitolo 3

News e scelte degli investitori

3.1 Introduzione

Annunci riguardanti la vita delle imprese così come la pubblicazione di notizie in merito ad esse rientrano tra gli eventi che possono modificare il valore di un'impresa. Misurare l'influenza di un evento sul valore dell'impresa è stato per anni il punto focale di molti studi.

La metodologia dell'event study è ad oggi la più utilizzata per studi di questo tipo: attraverso l'impiego di dati finanziari, essa permette di misurare l'impatto di uno specifico evento sul comportamento degli investitori.

Al di là dell'aspetto strettamente statistico, quando si decide di costruire un event study, occorre tener presente una serie di accorgimenti che permettono di avere una misura dell'effetto sul valore dell'impresa precisa il più possibile. Definire con precisione l'event date e le finestre temporali che vi sono collegate, consente di ottenere una stima il più possibile precisa della reazione di mercato all'evento indagato.

Sia l'aspetto statistico sia i relativi accorgimenti da considerare nella costruzione dello studio di eventi saranno oggetto della trattazione del capitolo.

3.2 Event Study: la metodologia d'analisi più diffusa

Gli impatti di un evento economico sul valore di un'impresa vengono misurati ricorrendo ad un'analisi chiamata event study. Questa tipologia di analisi valuta l'effetto generato da uno specifico evento sul valore di una società, verificando la presenza di variazioni nei prezzi della azioni a seguito della manifestazione dell'evento. Gli studi di eventi sono in grado di evidenziare la reattività dei prezzi al rilascio di nuove informazioni.

Quest'impatto si misura confrontando i rendimenti effettivi dei titoli nel momento in cui l'evento si realizza e i rendimenti che si sarebbero realizzati in assenza dell'evento (normal return), che non essendo disponibili andranno stimati. La differenza di tra rendimenti effettivi e rendimenti normali rappresenta gli abnormal return, cioè la componente di rendimento direttamente riconducibile alla manifestazione dell'evento oggetto di analisi.

Il procedimento di stima dei rendimenti normali può seguire differenti tecniche, per la cui applicazione si richiede la definizione dell'orizzonte temporale su cui stimare il normal return. Come riportato dalla Fig. 3.1, la stima si articola su tre momenti:

1. l'estimation window o finestra di controllo in cui viene determinato il trend normale del rendimento rispetto ad un indice di mercato o settoriale;

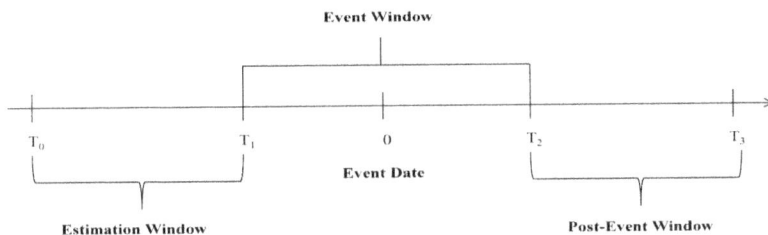

Figura 3.1: Timeline per la costruzione di un event study (*Fonte: elaborazione dell'Autore su Bagella (2007)*

2. l'event window che è la finestra temporale centrata intorno alla data dell'evento (o event date) consentendo di monitorare un eventuale fuga di notizie da un lato e l'effetto successivo alla data dell'evento dall'altro;

3. la post-event window, che consente di monitorare l'andamento dei rendimenti dopo l'evento.

Le tecniche più usate nella costruzione dell'event study sono:

a il costant-mean-return model

b il market model.

Il modello costant-mean-return suppone che il rendimento medio atteso del titolo sia costante, indipendente dal tempo e diverso per le singole azioni. Secondo questo modello si ipotizza che il rendimento normale del titolo eguagli il rendimento medio registrato dal titolo stesso durante il periodo precedente all'evento. Tale relazione viene espressa come segue:

$$R_{it} = \mu_{it} + \epsilon_{it}$$

dove R_{it} rappresenta il rendimento del titolo i nel periodo t, μ è il rendimento medio del titolo i e ϵ rappresenta il termine di disturbo.

Il market model è il modello statistico più usato per stimare i rendimenti normali esprimendo la relazione tra i rendimenti delle azioni e quelli del mercato. Il modello viene espresso come segue:

$$R_{it} = \alpha_i + \beta_i R_{mt} + \epsilon_{it}$$

Nella formula Rit e Rmt rappresentano rispettivamente: t l'orizzonte temporale, i i rendimenti del titolo i e del mercato m, ϵ_{it} il termine di disturbo e α_i β_i sono i parametri del market model solitamente stimati con la procedura Ordinary Least Squares (OLS) (Fama et al., 1969). È prassi usare come proxy del portafoglio di mercato gli andamenti di indici azionari. La predittività del market model è migliore rispetto al costant-mean-return in quanto questo modello riduce la varianza dell'abnormal return. Con questo tipo di modello, l'estimation window può avere una lunghezza di almeno 120 giorni antecedenti alla event window, escludendo quest'ultima al fine evitare l'influenza sui parametri stimati per la normal performance.

L'abnormal return (AR) stimato sulla finestra dell'evento viene interpretato come una misura dell'impatto dell'evento sul valore dell'impresa (Bagella et al., 2007). Esso in base al market model viene espresso come di seguito:

$$AR_{it} = R_{it} + \alpha_i - \beta_i R_{mt}$$

Al fine di testare la significatività degli AR e verificare l'ipotesi nulla secondo cui l'abnormal performance sia uguale a zero viene calcolati i Cumulative Abnormal Return (CAR) come somma dei rendimenti anomali medi nell'orizzonte temporale considerato. Ne segue l'espressione seguente:

$$CAR_i(T_1, T_2) = \sum_{t=T_1}^{T_2} AR_{it}$$

Un'interessante applicazione degli event study è rappresentata dal Capital Asset Pricing Model (CAPM), la quale verrà usata nella verifica empirica oggetto del Capitolo 4. La costruzione dell'event study sottolinea la rilevanza dell'identificazione della event date: di quale evento si vuole misurare l'effetto sul comportamento degli investitori?

Quando si manifesta precisamente questo evento.

Altro punto che merita un adeguato approfondimento è rappresentato dai test statistici usati per verificare la significatività dei rendimenti anomali misurati.

3.2.1   Event Date: quando le notizie influenzano i mercati finanziari

Nella costruzione dell'event study per studi che considerano l'influenza dei media diventa rilevante stabilire con precisione l'event date, ovvero la data dell'evento per il quale andare a misurare la reazione sul mercato da parte degli investitori.

La maggior parte infatti degli studi sull'efficienza dei mercati finanziari esistenti prendono in considerazione eventi previsti (scheduled event), costituiti da notizie o annunci di natura macroeconomica o riguardanti la vita ordinaria di una società, come ad esempio annunci relativi alla distribuzioni di dividendi o conseguimento di utili. Per tale ragione le date prese in considerazione come event date sono quelle relative alla press release dell'istituzione o della società circa lo specifico evento considerato. Gli eventi unscheduled o imprevisti rappresentano notizie imprevedibili nel contenuto ma soprattutto nel timing, ovvero nel momento del rilascio che potrebbe essere o totalmente imprevisto o ignoto a priori.

Le ricerche che legano i media con gli andamenti dei corsi azionari considerano come evento di studio non l'annuncio, bensì la diffusione della notizia mediante il media preso in esame, come può essere la pubblicazione di una notizia su un quotidiano, il rilascio di un tweet da parte di testate giornalistiche sull'argomento o ancora la diffusione televisiva della notizia. Si può affermare quindi che gli studi sui media prendono in considerazione perlopiù eventi imprevisti soprattutto nel timing in quanto la data di diffusione tramite il media è quasi sempre non nota ex-ante.

La scelta della event date in questo caso assume ancor maggiore rilevanza perché la notizia può rimbalzare sui media prima ancora dell'ufficialità, quando cioè si è in presenza di indiscrezioni di mercato (detto rumor). In questo caso il rumor, può influenzare il comportamento degli investitori determinando una reazione nei rendimenti azzerandone l'effetto al momento dell'ufficialità. Analogamente, una diffusione tramite media, successiva al rilascio dell'annuncio ufficiale mediante press release che genera un effetto sui rendimenti, dimostra come i media possono influenzare le scelte degli investitori anche quando non forniscono una notizia di 'prima mano', ma semplicemente diffondendo ad un pubblico più vasto una notizia già circolata.

3.2.2 Testare la significatività dei rendimenti anomali

La significatività di AR e CAR calcolati con l'event study viene testata implementando alcuni test che dimostrino l'esistenza di una relazione causale tra l'abnormal performance e la manifestazione dell'evento. Tali test si distinguono in:

i) test parametrici;

ii) test non-parametrici.

L'applicazione di test parametrici presuppone la soddisfazione di alcuni assunti riguardanti la popolazione di origine da cui è stato estratto il campione oggetto d'analisi.

Innanzitutto è necessario che gruppi campionari sottoposti all'analisi siamo indipendenti, cioè generati per estrazione casuale da una popolazione di origine, in modo che ogni elemento abbia la stessa probabilità di essere incluso in un gruppo qualsiasi. Il secondo assunto riguarda la normalità della distribuzione, mentre il terzo si presuppone l'omoschedasticità[1] delle varianze.

Per un campione la statistica parametrica più semplice è costituita dalla t di Student:

$$t = \frac{AAR_T}{\sqrt{\sigma^2(AR_{iT})}}$$

Dove AAR_T rappresenta gli abnormal return medi e $\sigma^2(AR_{iT})$ sono invece la loro varianza.

Con riferimento ai CAR, Campbell, Lo e MacKinlay (1997) propongono due statistiche parametriche J_1 e J_2 per testarne la significatività.

---

[1]Con omoschedasticità si denota una condizione ideale nella quale si trova una funzione di dati con stessa varianza e quindi dispersi graficamente in maniera abbastanza omogenea al di sopra o al di sotto di una linea retta. Questa condizione di omogeneità delle varianze si contrappone a quella di eteroschedasticità cioè eterogeneità delle varianze (Pearson, 1905)

$$J_1 = \frac{\overline{CAR}_{T_1,T_2}}{\sqrt{\bar{\sigma}^2_{T_1,T_2}}} \approx N(0,1)$$

Secondo la statistica J_1 il rapporto tra il CAR medio e la radice quadrata della varianza media si distribuisce come una curva Normale (0,1). La statistica J_2 prevede la seguente formulazione:

$$J_2 = \left(\frac{N(L_1 - 4)}{L_2 - 2}\right)^{1/2} \overline{SCAR}_{(T_1, T_2)}$$

Anche J_2 si distribuisce come una Normale. Questo test attribuisce un peso maggiore agli abnormal return con una varianza più bassa permettendo un'analisi più diretta della variazione di significatività tra diversi scenari.

Qualora esistano dubbi circa la normalità della distribuzione dei rendimenti anomali, si ricorre all'implementazione di test non-parametrici cioè indipendenti dalla forma della distribuzione di probabilità delle osservazioni campionarie. Questa situazione di incertezza sulla forma della distribuzione del campione è tipica in casi in cui si disponga di pochi dati.

La strategia sempre più spesso adottata in questo caso riguarda l'impiego combinato di un test appropriato di statistica parametrica e di un test non-parametrico, indispensabile per convalidare i risultati ottenuti. In caso di probabilità stimate con i due metodi simili, allora risultano confermate la robustezza del test parametrico e la validità dei risultati ottenuti.

In questa prospettiva il test non parametrico viene utilizzato per confermare i risultati ottenuti con il test parametrico e come misura preventiva in caso di dubbi circa la normalità e l'omoschedasticità dei dati.

In un'analisi basata su event study, i test non-parametrici maggiormente impiegati risultano essere il Sign Test e il Corrado

Rank Test (Bagella et al., 2007). Il Sign Test assume come parametro chiave la mediana che per sua natura permette che ogni osservazione campionaria si collochi con una probabilità del cinquanta percento a destra o a sinistra di essa. Per questa ragione il test dei segni viene definito come di seguito:

$$J_3 = \left[\frac{N^*}{N} - 0,5 \right] \frac{N^{\frac{1}{2}}}{0,5} \approx N(0,1)$$

Secondo tale formulazione se la realizzazione di un determinato evento non influenza il rendimento dei titoli delle società che compongono il campione equivale ad affermare che le variazioni negative o positive dei rendimenti dei titoli di tali imprese si distribuiscono equamente intorno alla mediana con una probabilità di 0,5. Il test si basa quindi sul calcolo delle differenze prime di ogni osservazione dalla mediana: eliminando eventuali missing value o differenze pari a zero, viene determinato il numero di differenze positive (o negative) e si rifiuta l'ipotesi nulla secondo la quale il CAR sia uguale a zero se la statistica J3 supera il valore di 1,645.

Il rango del rendimento anomalo è invece cruciale nel Corrado Rank Test. Secondo questo test non parametrico, l'elemento chiave è rappresentato dal rango mediano; ossia la mediana, diversamente dal test dei segni è calcolata sul totale dei rendimenti nella estimation e nella event window per ogni azione i-esima presa in esame. Secondo questo procedimento i CAR calcolati sull'orizzonte temporale delle finestre di estimation e di evento vengono rankizzati e si procede poi a calcolare la differenza fra il rango di ogni rendimento anomalo e il rango mediano. Il test viene impostato secondo la seguente espressione:

$$J_4 = \frac{1}{N} \sum_{i=1}^{N} \frac{K_{10} - \frac{L_2+1}{2}}{S(L_2)}$$

Nel test J_4, $S(L_2)$ è a sua volta pari a:

$$S(L_2) = \sqrt{\frac{1}{L_2} \sum_{t=T_0+1}^{T_2} \left[\frac{1}{N} \sum_{i=1}^{N} \left(\frac{1}{N} \sum_{i=1}^{N} \frac{K_{it} - \frac{L_2+1}{2}}{2}\right)\right]^2}$$

dove l'argomento della radice quadrata rappresenta la media delle differenze tra i ranghi di ogni rendimento anomalo e il rango mediano per ogni azione i-esima, stimato sull'orizzonte temporale $(T_0 + 1; T_2)$ che rappresenta l'unione della estimation window con l'event window; L_2 è il numero dei ranghi che varia al variare dell'event window; N rappresenta il numero di società che compongono il campione.

È facile notare come l'applicazione del Corrado Rank Test risulti più complessa del Sign Test in quanto per ogni impresa vengono considerati tutti gli abnormal return compresi nella estimation e nella event window. Il vantaggio di questo test risiede nella mancata influenza da parte delle osservazioni limite, cioè molto lontani dalla media, sui risultati, proprio perché si basa sulla posizione del rendimento anomalo e non sul segno.

Diversi autori hanno sviluppato test non parametrici sui ranghi al fine di testare la significatività degli abnormal return. Fra gli studi che riguardano l'influenza di notizie e dei media sul comportamento degli investitori spicca il test di Boehmer, Musumeci e Poulsen (1991) di cui si vedrà l'applicazione nell'analisi empirica che segue (v. *ultra*, Cap. 4).

3.3 Conclusioni

Per misurare l'impatto di un evento sul valore di un'impresa, quale può essere la pubblicazione di una notizia inerente l'impresa stessa, la metodologia d'analisi più utilizzata è quella dell'event study. Si è visto come il funzionamento di questa modalità di indagine si basi su alcuni forti assunti statistici, ma anche su alcuni specifici accorgimenti che permettono di accrescere la bontà dei risultati ottenuti. Fissare con precisione la event date consente di stimare gli abnormal return su event window ben definite, permettendo di cogliere con accuratezza la reazione del valore dell'impresa allo specifico evento. In modo analogo, ciò permette la stima puntuale dei rendimenti normali lungo la finestra di controllo (detta anche estimation window).

Individuare in maniera puntuale la data dell'evento risulta molto rilevante soprattutto negli studi che considerano l'influenza dei media sulle scelte degli investitori.

Questo perché sul valore delle imprese possono influire eventi previsti, dette anche news scheduled, che attengono ad annunci di natura macroeconomica oppure ad eventi circa l'operatività ordinaria dell'impresa stessa. Le news impreviste riguardano eventi improvvisi soprattutto nel momento in cui essi si manifestano. Per questo individuare con precisione la data della prima pubblicazione di una notizia risulta molto rilevante per gli studi circa l'impatto dei media: confrontare la reazione del mercato al rilascio della press release della società con la pubblicazione della notizia stessa su un quotidiano finanziario specializzato o attraverso un tweet di un media credibile, fornisce infatti una misura che va oltre il semplice impatto della notizia in sé ma piuttosto dà la dimensione di come i canali di comunicazione di massa incidono sulle scelte ed i comportamenti degli investitori, determinando una creazione o distruzione di valore dell'impresa. Quest'effetto è molto evidente quando la pubblicazione sui media segue il rilascio della notizia ufficiale. Se la reazione è maggiore in corrispondenza della pubblicazione si rileva infatti come il media abbia influito sul comportamento degli investitori pur non fornendo alcuna nuova informazione, ma semplicemente riportando una notizia già circolata. Altro aspetto rilevante nella

costruzione dell'event study riguarda la validazione dei risultati
ottenuti.

Una volta definito il procedimento di calcolo e stimati gli abnormal return, occorre definirne la significatività dal punto di
vista statistico. Per testare la significatività statistica dei rendimenti anomali si possono utilizzare test parametrici o non parametrici a seconda delle caratteristiche del campione oggetto
d'analisi. Studi recenti però hanno dimostrato come entrambe le
tipologie dei test vengono usate per la stessa analisi per irrobu-
stire i risultati ottenuti. Si è visto come l'esistenza di diversi test
parametrici e non sia dovuto alla potenza di questi e ai campi
specifici di utilizzo. Un'applicazione della metodologia dell'event
study sarà oggetto dell'analisi empirica presentata nel Cap. 4.

Nella costruzione di questo studio di eventi verrà indagato
l'impatto dei media e degli aspetti semantici delle comunicazioni
nei mercati finanziari.

Capitolo 4

Operazioni di spin-off: una verifica empirica

4.1 Introduzione

Data l'incompletezza dei mercati e la loro capacità di reagire al rilascio di notizie tramite i canali di diffusione delle informazioni, in questo capitolo si presenta il caso della pubblicazione di notizie riguardanti operazioni di spin-off. Ma perché considerare le notizie riguardanti le operazioni di 'spezzatino' (termine giornalistico corrente per indicare queste operazioni) aziendale.

La scelta di considerare le notizie di spin-off societari è da ricercarsi nello sviluppo che questa tipologia di operazioni di disinvestimento ha conosciuto in corrispondenza delle recenti crisi finanziarie, contribuendo ad alimentare il relativo dibattito, a cui i media hanno riservato un rilievo sempre maggiore.

L'operazione di spin-off è molto indagata anche in letteratura; diversi studi hanno osservato che annunci di spin-off generano rendimenti anomali positivi (Chemmanur e He, 2016; Chemmanur e Liu, 2010; Veld e Veld-Merkoulova, 2009; Chemmanur e Yan, 2004; Veld e Veld-Merkoulova, 2004; Desai e Jain, 1999; Daley, Mehrotra e Sivakumar, 1997; Cusatis, Miles e Woolridge, 1993; Rosenfeld, 1984; Schipper e Smith, 1983; Miles e Rosenfeld, 1983; Hite e Owers, 1983), che risultano ulteriormente amplificati in relazione a:

i) dimensione dello spin-off (pag. 41);

ii) miglioramento dell'industrial focus (pag. 43);

iii) esistenza di asimmetria informativa(pag. **??**);

iv) vantaggi regolamentari e fiscali (pag. 44);

v) legame con operazioni di acquisizione (pag. 45).

L'obiettivo di questo capitolo sarà l'indagine dell'effetto prodotto dai media sul comportamento degli investitori a seguito di un annuncio di spin-off, da confrontare con l'effetto generato dalla pubblicazione di rumor sulla medesima operazione. A tal scopo, sarà analizzato l'impatto che la diffusione, l'aspetto semantico delle notizie, pubblicate tra il 2000 ed il 2012 sul WSJ e il livello di attenzione degli investitori producono sui rendimenti delle azioni delle società coinvolte in operazioni di spin-off al momento del loro annuncio.

La medesima analisi verrà poi condotta per le operazioni di spin-off oggetto di rumor sul WSJ, rispetto alla data di pubblicazione della notizia, al fine di rilevare se l'effetto annuncio sia stato già scontato dal mercato, data la 'fuga' di notizie riguardante l'operazione.

Il capitolo risulta così articolato: dapprima si svolge una review della letteratura relativa all'effetto che l'annuncio di spin-off genera sui mercati finanziari, al fine di definire la relazione intercorrente fra la variazione del prezzo delle azioni delle società coinvolte e l'annuncio dell'operazione (§ 4.3, pag. 47).

Successivamenete si dedica il *social* alla descrizione della metodologia, presentando in sequenza: i) la metodologia della text analysis adottata al fine di definire la valenza (positiva/negativa) del contenuto ed il tono espositivo (forte/debole) adottato nel rilascio delle notizie considerate nell'analisi (§ 4.3.1, pag. 48); ii) l'indice del livello di attenzione degli investitori, utilizzato per verificare se nella settimana dell'annuncio dell'operazione esiste un livello di attenzione anomala da parte degli investitori (§ 4.3.2, pag. 49) e, infine, iii) la metodologia dell'event study, utilizzata in quanto permette di cogliere l'effetto che ha sui rendimenti delle società interessate dall'operazione (§ 4.3.3, pag. 50) il rilascio di notizie riguardanti operazioni di spin-off.

Nel § 4.4, pag. 55 sarà presentato il campione utilizzato per la verifica empirica, mentre i principali risultati e le conclusioni saranno oggetto rispettivamente dei § 4.5, pag. 59 e 4.6, pag. 72.

4.2 Spin-off, Media e Abnormal Return

Il tema dei processi di ristrutturazione aziendale, intesi come l'insieme delle attività finalizzate al riassetto proprietario, delle operazioni di turnaround e delle operazioni di disinvestimento, è tornato di attualità, e quindi affrontato dai media specializzati, in virtù delle difficoltà affrontate dalle società in corrispondenza delle recenti crisi finanziarie.

In un mercato perfetto e completo, l'annuncio di una operazione di spin-off (v. *supra*, Introduzione, n. 2) non dovrebbe modificare il valore dell'impresa madre tranne nel caso in cui gli investitori si aspettino benefici in termini di flussi di cassa futuri, derivanti dall'eliminazione, attraverso l'operazione di spin-off, delle sinergie negative.

Tuttavia anche quando non ci sono benefici attesi, uno spin-off può condurre ad un aumento del valore dell'impresa data l'incompletezza dei mercati (Hakansson, 1982).

In ambito accademico, si è infatti concordi nell'affermare che annunci di spin-off generano rendimenti anomali positivi (Chemmanur e He, 2016; Chemmanur e Liu, 2010; Veld e Veld-Merkoulova, 2009; Chemmanur e Yan, 2004; Veld e Veld-Merkoulova, 2004; Krishnaswami e Subramaniam, 1999; Desai e Jain, 1999; Daley, Mehrotra e Sivakumar, 1997; Cusatis, Miles e Woolridge, 1993; Rosenfeld, 1984; Schipper e Smith, 1983; Miles e Rosenfeld, 1983; Hite e Owers, 1983; Galai e Masulis, 1976) che, in alcune circostanze, possono risultare amplificati.

Alcuni studiosi hanno infatti osservato, in corrispondenza degli annunci dell'operazione, rendimenti anomali positivi maggiori nel caso in cui esista una forte asimmetria informativa fra il management della società e gli investitori esterni (Chemmanur e Liu, 2010; Veld e Veld-Merkoulova, 2006; Krishnaswami e Subramaniam, 1999; Nanda e Narayan, 1999; Habib, Johnsen e Naik, 1997) e lo spin-off sia:

a) di grandi dimensioni (Veld e Veld-Merkoulova, 2009; Chemmanur e Yan, 2004; Miles e Rosenfeld, 1983; Hite e Owers, 1983);

b) effettuato con lo scopo di migliorare l'industrial focus della società parent (Veld e Veld-Merkoulova, 2009; Veld e Veld-Merkoulova, 2006; Chemmanur e Yan, 2004; Krishnaswami e Subramaniam, 1999; Desai e Jain, 1999; Daley, Mehrotra e Sivakumar, 1997);

c) eseguito per beneficiare di vantaggi regolamentari, fiscali o in quanto operazione non soggetta ad imposizione fiscale

(Veld e VeldMerkoulova, 2009; Krishnaswami e Subramaniam, 1999; Desai e Jain, 1999; Michaely e Shaw, 1995;
Copeland, Lemgruber e Myers, 1987; Schipper e Smith,
1983);

d) compiuto per facilitare successive operazioni di M&A o comunque avvenga in un settore in cui esiste fermento in
merito all'attività di acquisizioni (Chemmanur et al., 2010;
Chemmanur e Yan, 2004; Cusatis, Miles e Woolridge, 1993;
Hite e Owers, 1983).

4.2.1 Dimensioni dello spin-off

Un primo filone di studi identifica nella dimensione degli asset scorporati la ragione di rendimenti anomali positivi maggiori
rispetto al caso in cui lo spin-off sia di piccole dimensioni.

In letteratura sono stati individuati diversi valori soglia che
permettono di distinguere fra spin-off di grandi dimensioni e
spin-off di piccole dimensioni: Miles e Rosenfeld (1983) indicano
che un valore di mercato di almeno il 10% individua uno spin-
off di grandi dimensioni, mentre secondo Hite e Owers (1983),
questa percentuale è pari al 6.6%. In entrambi i lavori, si rinviene che i rendimenti anomali positivi risultano superiori per gli
spin-off di grandi dimensioni rispetto a quelli di dimensioni più
contenute.

La medesima relazione è stata trovata anche nei contributi
successivi di Veld e Veld-Merkoulova (2009) e di Chemmanur e
Yan (2004). Chemmanur e Yan (2004), utilizzando un modello
che prende in considerazione i controlli aziendali, hanno indivi-
duato rendimenti anomali positivi superiori per spin-off di grandi
dimensioni, anche per la performance di lungo periodo. Veld e
Veld-Merkoulova (2009) hanno in seguito esaminato, attraverso

meta-analisi, la letteratura sui fattori associati agli annunci di spin-off, che hanno un impatto sui rendimenti delle azioni delle società coinvolte: anche secondo questa analisi, fra i fattori che influenzano in maggior misura i rendimenti, viene annoverata la dimensione dello spin-off.

4.2.2 Miglioramento dell'industrial focus

Un miglioramento del focus industriale si deve intendere come la decisione della società di concentrarsi sul proprio corebusiness.

Questa finalità può essere perseguita attraverso uno spin-off focus-increasing, che si realizza quando la società parent e la società controllata opereranno, a seguito dell'operazione, in settori differenti (Boreiko e Murgia, 2008), riducendo le sinergie negative interne alla società controllante dovute all'elevata diversificazione e conseguendo l'obiettivo di migliorare il focus industriale.

In ambito accademico è stato osservato che gli spin-off focus-increasing mostrano rendimenti anomali positivi più elevati rispetto agli spin-off no-focus-increasing (Veld - Veld-Merkoulova, 2006 e 2009; Chemmanur e Yan, 2004; Krishnaswami e Subramaniam, 1999; Desai e Jain, 1999; Daley, Mehrotra e Sivakumar, 1997).

Veld e Veld-Merkoulova, sia nel lavoro del 2009 in cui esaminano la letteratura in materia attraverso meta-analisi, sia in un contributo del 2006 in cui esaminano il mercato europeo, hanno rintracciato la medesima relazione.

Desai e Jain (1999) hanno inoltre notato che questa performance più elevata in termini di rendimenti, per gli spin-off focus-increasing, persiste anche periodo post-annuncio e quindi su un orizzonte di lungo periodo.

4.2.3   Asimmetrie informative

Altri studiosi concordano sul fatto che un'operazione di spin-off, essendo accompagnata da un maggior rilascio di notizie ed informazioni, genera una riduzione dell'asimmetria informativa esistente tra management della società ed investitori, aumentando così l'effetto che l'annuncio ha sui rendimenti della azioni.

Habib et al. (1997) hanno sostenuto che l'aumento del numero di azioni a seguito dello spin-off conduce ad un incremento delle informazioni presenti sul mercato, che riduce l'asimmetria informativa e aumenta sia il valore della società madre sia quello della società spin-off.

Seguendo questo filone di studio, Krishnaswami e Subramaniam (1999) hanno osservato che alcune società intraprendono uno spin-off con lo scopo di ridurre l'asimmetria informativa, che spesso risulta più elevata rispetto al valore del settore di appartenenza. Secondo Nanda e Narayan (1999), uno spin-off condurrà ad un aumento dell'attenzione da parte degli investitori sulle azioni della società, che farà diminuire l'asimmetria informativa.

Chemmanur e Liu (2010) hanno invece verificato come, in caso di spin-off, le informazioni prodotte dagli investitori istituzionali aumentano, generando un effetto annuncio positivo. L'idea che i rendimenti anomali corrispondenti all'effetto annuncio siano amplificati in presenza di asimmetria informativa, si ritrova in tutti questi contributi.

Tuttavia, Veld e Veld-Merkoulova (2006), analizzando il mercato europeo, hanno trovato che, contrariamente alle indagini precedenti, non sembra esserci relazione fra rendimenti anomali e asimmetria informativa: il mercato europeo reagisce in modo efficiente alle informazioni contenute nell'annuncio dello spin-off.

Questo risultato viene confermato dagli stessi autori anche nel lavoro del 2009, in cui, dalla meta-analisi sulla letteratura in

materia, si ottiene che l'asimmetria informativa non influenza i
rendimenti anomali.

4.2.4 Regolamentazione e fiscalità

Veld e Veld-Merkoulova (2009), attraverso la meta-analisi utilizzata per sintetizzare i risultati dell'event study sulla letteratura in materia di spin-off, fra i diversi risultati, hanno osservato
che, nel caso in cui l'operazione di scorporo di asset venga ef-
fettuata in regime fiscale e regolamentare più favorevole, essa si
accompagna a rendimenti anomali più elevati rispetto a spin-off
realizzati con fiscalità e regolamentazione più rigide.

Questo contributo è l'unico studio disponibile che indaga
l'impatto del regime fiscale e regolamentare sull'andamento dei
rendimenti anomali; altri contributi hanno considerato questa variabile come motivazione della scelta di intraprendere uno spin-
off (Krishnaswami e Subramaniam, 1999; Desai e Jain, 1999;
Michaely e Shaw, 1995; Copeland, Lemgruber e Myers, 1987;
Schipper e Smith, 1983).

Nel dettaglio, Schipper e Smith (1983) e Copeland et al.
(1987) sostengono che sia possibile migliorare lo status fiscale
di una società scorporando asset specifici: gli esempi considerano la creazione e lo scorporo di specifiche royalty trust coinvolte
nello sfruttamento di petrolio o gas naturale.

Secondo Copeland et al. (1987), uno spin-off può anche avere
conseguenze fiscali negative: infatti, nel caso in cui la società
madre detenga nella società scorporata una partecipazione di
controllo inferiore al 50%, lo spin-off è soggetto ad imposizione
fiscale. In aggiunta, gli stessi autori prevedono anche un regime
di tassazione parziale.

Schipper e Smith (1983), con riferimento alla regolamentazione, analizzando il mercato americano, sostengono che uno spin-

off può essere intrapreso per ragioni legate alla regolamentazione in due casi. Il primo caso contemplato riguarda lo scorporo della percentuale di attività di una utility soggetta a regolamentazione, mentre il secondo concerne l'ipotesi in cui una società multinazionale scorpori una società controllata straniera per evitare le restrizioni regolamentari imposte dal Congresso sulle imprese nazionali operanti all'estero. In entrambi i casi, la società madre avrà "esternalizzato" le attività soggette a regolamentazione, beneficiando di un maggior grado di discrezionalità nell'operatività interna.

4.2.5 Attività di acquisizione e spin-off

In ambito accademico, sono stati osservati rendimenti anomali superiori a quelli che si manifestano abitualmente nel caso in cui l'operazione di spin-off avvenga o per facilitare un'operazione di fusione (Hite e Owers, 1983) o in un settore in cui esiste una maggiore attività di acquisizione (Chemmanur, Jordan, Liu e Wuc, 2010; Chemmanur e Yan, 2004; Cusatis, Miles e Woolridge, 1993).

Hite e Owers (1983), utilizzando le dichiarazioni delle società sull'operazione di scorporo, hanno identificato gli spin-off realizzati con lo scopo di favorire successive fusioni: in relazione sono stati poi osservati rendimenti anomali superiori rispetto alle operazioni di disinvestimento compiute senza assolvere al suddetto scopo.

Cusatis et al. (1993) prima e Chemmannur e Yan (2004) in seguito, hanno notato, nelle loro analisi, che gli spin-off realizzati in settori in cui è presente un'elevata attività di acquisizione si accompagnano a rendimenti anomali superiori. Cusatis et al. (1993) hanno trovato che, nel caso di spin-off in cui le società madri vengono acquisite entro tre anni dall'operazione, i rendimenti anomali associati risultano maggiori rispetto alle altre imprese, nel periodo che intercorre fra la data dello spin-off ed i sei mesi antecedenti all'acquisizione. Secondo gli autori, il risultato è dovuto al comportamento degli investitori che non hanno pienamente anticipato la maggiore attività di acquisizione presente nel settore. Chemmanur e Yan (2004) hanno raggiunto il medesimo risultato, aggiungendo inoltre che l'entità degli extra-rendimenti attorno all'annuncio dell'operazione, condurrà a sua volta ad un incremento dell'attività di takeover nel settore della società madre e/o in quello della divisione scorporata.

Chemmanur et al. (2010) hanno considerato il rapporto fra le disposizioni anti-takeover (ATP) e la performance delle imprese spin-off: le imprese protette da un numero maggiore di disposizioni anti-takeover nella fase precedente lo spin-off, mostrano, al momento dell'annuncio dell'operazione, rendimenti anomali superiori e, nella fase successiva allo scorporo, una migliore performance operativa.

Fattori legati al recente slancio che tale operazione di disinvestimento ha conosciuto in virtù delle ultime crisi finanziarie e alla diffusa convinzione che annunci di spin-off generino rendimenti anomali positivi, hanno contribuito negli ultimi anni ad accendere il dibattito sugli spin-off, a cui i media riservano un rilievo sempre maggiore.

A tal proposito, pare lecito ipotizzare che essi, a seguito di un annuncio di spin-off, possano influenzare i rendimenti anomali: le notizie riguardanti gli spin-off, come quelle relative ad operazioni di M&A, ad altre operazioni di ristrutturazione societaria, o più in generale notizie societarie, diffuse dai media possono giocare un ruolo chiave nel processo di selezione degli investimenti, influenzando il sentiment degli investitori.

Alla luce della letteratura presentata nei precedenti capitoli sui media, in questo capitolo si intende indagarne l'impatto sul comportamento degli investitori a seguito di un annuncio di spin-off. In particolare, si intende prima di tutto verificare se la diffusione della notizia dell'operazione di spin-off su stampa specializzata amplifica l'effetto generato dall'annuncio sui rendimenti delle società.

Tale fenomeno verrà poi verificato in relazione all'aspetto semantico delle notizie considerato in termini di valenza (positiva o negativa) del contenuto e tono espositivo (forte o debole) adottato nel rilascio delle notizie, e al livello di attenzione degli investitori, misurato attraverso l'indice $ASVI$ basato sul numero di ricerche su Google.

Infine verrà verificata la reazione del mercato nel caso in cui la pubblicazione su stampa della notizia relativa all'operazione di spin-off sia antecedente (rumor) rispetto all'annuncio ufficiale della società.

4.3 Analisi e metodologie di indagine

L'analisi si caratterizza per una molteplicità di aspetti ognuno dei quali richiede l'applicazione di una metodologia specifica di indagine e di misurazione.

Si prosegue dunque come segue:

i) dapprima si illustra come, attraverso l'utilizzo della metodologia della text analysis, viene quantificato l'aspetto semantico delle notizie di spin-off in termini di valenza e tono espositivo (§ 4.3.1);

ii) successivamente si illustra l'indicatore $ASVI$, usato per misurare l'attenzione degli investitori (§ 4.3.2);

iii) si presenta, infine, l'event study costruito per misurare gli impatti sul comportamento degli investitori, sulla base di quanto trattato in precedenza (§ 4.3.3).

4.3.1 Text Analysis: un'applicazione

La natura dell'influenza delle notizie riguardanti le operazioni di spin-off apparse sul WSJ sulla formazione delle aspettative degli investitori, tenendo conto dell'importanza della valenza positiva o negativa del contenuto e del tono espositivo adottato nel rilascio delle stesse (Carretta et al., 2011) è stata indagata ricorrendo alla metodologia della text analysis (Stone et al., 1966) attraverso l'impiego del software Wordsmith 4 (Scott, 1999) della Oxford University secondo la procedura spiegata nel dettaglio nel Cap. (??).

Tutte le notizie analizzate nell'ambito dell'analisi sono state estratte dalla banca dati Factiva, che consente l'accesso a più di 10.000 fonti fra giornali, riviste, agenzie stampa e siti di informazione.

L'analisi viene condotta con lo scopo di determinare la valenza e la forza espositiva delle notizie di spin-off comparse sul WSJ dal 2000 al 2012 e riferite alle sole società quotate (circa 90, per un numero di parole complessive di 94,383), facendo ricorso al vocabolario di Loughran e McDonald (2011) che come si è visto, considera un elenco di parole più specifico per eventi di natura economica e riguardanti i mercati finanziari.

Le notizie così estratte riguardano per il 35,56% il settore delle ICT, per il 20% quello delle telecomunicazioni, per il 14,44% e il 12,22% rispettivamente i settori assicurativo-finanziario e quello automobilitico, per il 7,78% il settore energetico, mentre il restante 9% costituisce una categoria residuale.

La determinazione della valenza (positiva/negativa) del contenuto e del tono espositivo (forte/debole) delle notizie esaminate è avvenuta adottando la scala di giudizio proposta da Osgood, Suci e Tannenbaum (1957) (v. *supra*, Cap. ??).

Per tutte le notizie processate è stato verificato manualmente che la classificazione tramite text analysis fosse corretta, in modo da assicurare accuratezza nei risultati oltre alla replicabilità degli stessi.

Dall'analisi sulle notizie di spin-off è emerso che 30 di esse mostrano un contenuto positivo, 48 un contenuto negativo e 12 evidenziano una neutralità del loro contenuto. Per quanto riguarda l'enfasi della notizia invece, per 63 casi la notizia è rilasciata con un tono forte, per 19 casi con un tono debole e per i residui 8 si registra una neutralità del tono.

4.3.2 L'indice di attenzione degli investitori

Al fine di verificare se nella settimana dell'annuncio (e rumor) dell'operazione di spin-off esista un livello di attenzione anomala da parte degli investitori, si è scelto di utilizzare l'indicatore *ASVI* (Abnormal Search Volume Index) proposta da Da, Engelberg e Gao (2011). Tale misura utilizza l'indice SVI (Search Volume Index) disponibile pubblicamente su Google Trends per il campione di società oggetto dell'analisi ().

Il presupposto dell'utilizzo di tale strumento per la misurazione del livello di attenzione, in accordo con Da, Engelberg e Gao (2011), è che se qualcuno cerca qualcosa in un motore di ricerca probabilmente starà prestando attenzione all'oggetto della sua ricerca. Inoltre, la percentuale degli utenti Internet che visitano Google al 21 Gennaio 2013 è del 46,10% (fonte:).

Diversi sono gli studi che supportano la validità dell'utilizzo di questo strumento con finalità predittive della misura di consapevolezza degli individui (Carretta, Farina, Graziano, Reale, 2013; Carretta, Farina, Nako, 2012; Da, Engelberg, Gao, 2011; Choi, Varian, 2009; Ginsberg, Mohebbi, Patel, Brammer, Smolinski e Brilliant, 2009).

Per ogni società del campione è stata scaricata la serie settimanale dell'indice SVI.

Al fine di aumentare l'accuratezza dell'analisi, si è scelto di considerare le ricerche effettuate in Google per le società del campione tramite ticker, prestando attenzione alla presenza di eventuali noisy ticker.

Si è scelto di intraprendere questo percorso in quanto identificare le frequenze di ricerca tramite il nome della società potrebbe essere problematico per due ordini di ragioni: innanzitutto, gli individui potrebbero ricercare il nome di una società per ragioni non legate all'investimento; poi, diversi investitori potrebbero ricercare la stessa società utilizzando diverse possibili variazioni del nome.

Infine, si è scelto di applicare alla categoria delle ricerche il filtro 'Finanza', al fine di scaricare la serie storica che mostra la variazione mensile delle ricerche nel tempo, espressi in percentuale di crescita, rispetto alla prima data sul grafico (o alla prima data che dispone di dati).

In accordo con lo studio di Da et al. (2011), l'indicatore $ASVI$ è definito come:

$$ASVI_T = log(SVI_t) - log[Mediana(SVI_{t-1}, \ldots, SVI_{t-8})]$$

dove: $log(SVI_t)$ rappresenta il logaritmo dell'indice SVI nella settimana t; $log[Mediana(SVIt-1, \ldots, SVIt-8)]$ rappresenta il logaritmo della mediana dell'indice SVI nelle 8 settimane precedenti.

4.3.3   Event Study: un'applicazione

L'analisi dell'effetto delle notizie sui rendimenti delle società interessate da operazioni di spin-off avviene tramite la metodologia dell'event study.

Tale metodologia è volta a verificare la presenza di abnormal return (AR) dei titoli azionari di società interessate da notizie riguardanti le operazioni di spin-off poste in essere: nel caso di un titolo j, si intende verificare se il rendimento ottenuto in un dato giorno t sia differente rispetto a quello che si sarebbero verificato qualora non fosse intervenuta la notizia.

Il concetto di abnormal return implica quindi la determinazione del rendimento «normale» del titolo: a tal fine, il modello tradizionalmente utilizzato è il Capital Asset Pricing Model (CAPM) (Patell 1976; Scholes e Williams 1977; Brown e Warner 1980; recentemente, Beitel e Schiereck 2001; Scholtens e de Wit 2004; Beitel, Schiereck e Wahrenburg 2004; Campa e Hernando 2004; Gleason, McNulty e Pennathur 2005; Chong, Liu e Tan 2006).

Nel presente lavoro, coerentemente con quanto proposto da questi studi, il rendimento «normale» di un titolo interessato da una notizia di spin-off è stimato nel seguente modo:

$$R_{jt} = \alpha_j + \beta_j R_{Mt} + \epsilon_{jt}$$

Dove α_j = alla componente idiosincratica del titolo j; β_j = al coefficiente beta del titolo j; ϵ_{jt} = all'errore casuale insito nel modello e R_{jt} è il rendimento attualizzato e corretto per il dividendo del titolo j nel giorno t, calcolato come

$$R_{jt} = log\left[\frac{P_t + D_t}{P_t - 1}\right]$$

Dove P_t = al prezzo di mercato del titolo j al tempo t; D_t = al flusso giornaliero del dividendo del titolo j al tempo t; R_{Mt} = all'indice di rendimento del mercato nazionale del settore cui appartiene la società nel giorno t, calcolato come

$$R_{Mt} = log\left[\frac{I_t}{I_t} - 1\right]$$

Dove I_t = al valore dell'indice di mercato al tempo t.

I parametri di mercato e, come la maggior parte degli studi empirici in materia (Beitel e Schiereck 2001; Cummins e Weiss 2004, Chong, Liu e Tan 2006), sono stimati per ogni società attraverso il Market Model di Sharpe (1963) con una regressione Ordinary Least Square (OLS) lungo un estimation period di 252 giorni di mercato antecedenti l'event window (Beitel e Schiereck 2001; Chong, Liu e Tan, 2006; Mentz e Shiereck, 2008; Carretta et al., 2011).

Per quanto riguarda la determinazione dell'ampiezza dell'event window (la Fig. 4.1 presenta la modalità di calcolo adottata), il presente lavoro utilizza una finestre precedente alla data di diffusione dell'informazione [i.e. (−1; 0)], la data di diffusione dell'informazione (annuncio/rumor) [i.e. (0; 1)] e cinque finestre successive [i.e. (0; 3), (0; 5), (0; 10), (0; 15) e (0;20)].

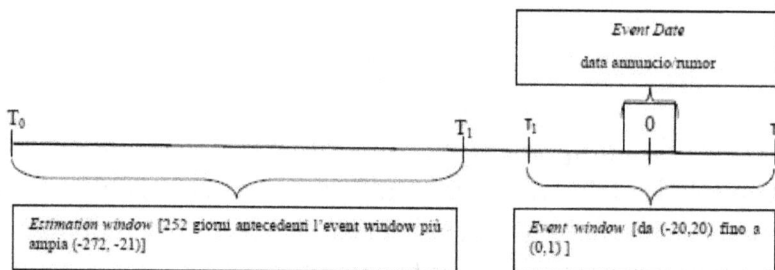

Figura 4.1: Event Study: procedura di calcolo (*Fonte: adattamento dell'autore da Carretta et al. (2010)*

La scelta di considerare event window antecedenti alla diffusione dell'informazione permette di esaminare se l'informazione possa aver prodotto un effetto anomalo prima dell'annuncio dell'operazione, perché il mercato è stato in grado di anticiparla.

Simmetricamente, la previsione di event window successivi alla diffusione dell'informazione permette di valutare la reazione del mercato nella fase successiva. La presenza di abnormal return positivi nella fase pre-diffusione dell'informazione evidenzierebbe la presenza nel mercato di investitori «informati»; l'osservazione di abnormal return negativi nella fase post-diffusione potrebbe esprimere la presenza di inefficienze di mercato.

In ciascun event period, l'abnormal return del titolo j nel giorno t, $AR_{j,t}$ è determinato come segue:

$$AR_{j,t} = R_{j,t} - \widehat{\alpha}_j - \widehat{\beta}_j R_{Mt}$$

Sommando tutti gli $AR_{j,t}$ di ogni giorno t contenuto nell'event period τ_1, τ_2, si determinano Cumulated Abnormal Return $CAR_j(\tau_1, \tau_2)$ per ogni titolo:

$$CAR_j(\tau_1, \tau_2) = \sum_{t=\tau_1}^{\tau_2} AR_{j,t}$$

Il CAR medio dell'event period, $CAR_j(\tau_1, \tau_2)$, è ottenuto come media aritmetica dei $CAR_j(\tau_1, \tau_2)$ di ciascuno degli n titoli considerati, cioè:

$$CAAR_j(\tau_1, \tau_2) = \frac{1}{n} \sum_{j=1}^{n} CAR_j(\tau_1, \tau_2)$$

Al fine di verificare la significatività statistica dei rendimenti anomali cumulati medi in un dato event window $CAAR_j(\tau_1, \tau_2)$, dopo aver determinato la reazione dei prezzi nelle diverse finestre temporali, occorre testare l'ipotesi nulla secondo cui i $CAAR_j(\tau_1, \tau_2)$ assumano valore pari a 0 contro l'ipotesi alternativa di ritorni anomali significativamente diversi da 0. Come sottolineato da Cummins e Weiss (2004), diversi studi hanno documentato un sostanziale incremento della varianza dei ritorni anomali nei giorni più vicini alla data dell'evento, proprio per effetto dello stesso. Qualora infatti nelle statistiche test venga utilizzata la varianza stimata nell'estimation period, senza apportare alcun tipo di correttivo, i risultati appaiono distorti, nella direzione di un rifiuto troppo frequente dell'ipotesi nulla a favore di quella alternativa.

Per ovviare al rischio di considerare significativa una creazione (o distruzione) di valore in realtà nulla, si è scelto di seguire l'approccio adottato in alcuni recenti studi (Carretta et al., 2014; Mentz, Schierek, 2008; Harrington, Shrider, 2007) che suggeriscono l'applicazione della statistica test di Boehmer et al. (1991). Viene calcolato, quindi, un fattore di standardizzazione pari a:

$$SR_j(\tau_1, \tau_2) = \frac{CAR_j(\tau_1, \tau_2)}{\widehat{\sigma}_{\epsilon_j} \sqrt{T_s + \frac{T_s^2}{T} + \frac{\sum\limits_{t=\tau_1}^{\tau_2} (R_{M,t} - T_s(\bar{R}_M)^2}{\sum\limits_{t=1}^{T} (R_{M,t} - \bar{R}_M)^2}}}$$

Dove $\widehat{\sigma}_{\epsilon_j}$ è la deviazione standard dei ritorni anomali dell'i-esimo titolo stimata attraverso il market model nell'estimation period; T_s è il numero di giorni nella finestra temporale considerata (τ_1, τ_2); T è il numero di giorni che compongono l'estimation period; R_{Mt} è il rendimento del portafoglio di mercato nel giorno t; R_M è il rendimento medio del portafoglio di mercato nell'estimation period.

Ne deriva che la statistica Z risulta così determinata:

$$Z = \frac{\frac{1}{N} \sum\limits_{j=1}^{N} SR_j(\tau_1, \tau_2)}{\sqrt{\frac{1}{N(N-1)} \sum\limits_{j=1}^{N} \left(SR_{jt} - \frac{1}{N} \sum\limits_{j=1}^{N} SR_{jt}\right)}}$$

Tale statistica si distribuisce come una t di Student, con $(T - 2)$ gradi di libertà.

4.4   Il campione indagato

Le operazioni di spin-off ritenute rilevanti al fine della presente analisi, sono quelle censite dal database Zephyr - Bureau Van Dijk tra il 2000 ed il 2012.

Sono state selezionate unicamente le operazioni effettuate da società parent quotate, di cui sia nota con certezza la data dell'annuncio (rumor) dell'operazione. Tali condizioni risultano indispensabili per poter stimare, attraverso la tecnica dell'event study, i rendimenti anomali dei titoli delle società coinvolte.

Per ogni operazione, è stata estratta la serie storica dei rendimenti della società parent dal database Datastream.

Si è scelto di utilizzare la serie dei prezzi total return, in quanto comprensiva dei dividendi capitalizzati nel corso del periodo, e da questa sono stati estrapolati i singoli rendimenti giornalieri, mediante il logaritmo del rapporto fra il prezzo al giorno t e quello al giorno t–1.

Per quanto riguarda i benchmark, sono stati utilizzati gli indici settoriali di riferimento dei mercati su cui le società oggetto dell'analisi, risultano quotate: questo consente di ottenere evidenze che non siano specifiche per un unico mercato di borsa. I benchmark prescelti, sempre total return estratti dal database Datastream, sono riassunti in Appendice.

Per ogni indice scelto è stato calcolato il rendimento giornaliero, come logaritmo del rapporto fra il prezzo al giorno t e quello al giorno t–1; tale rendimento viene utilizzato insieme alla variazione giornaliera del titolo oggetto della notizia per la stima del coefficiente angolare e dell'intercetta nella regressione lineare.

Sono state eliminate le operazioni relative alle società per cui non fosse disponibile una serie storica idonea alla stima del market model su un periodo di rilevazione pari a 252 giorni, delinean-

Tabella 4.1: Distribuzione del campione per gli anni 2000 − 2007 e per area geografica. (*Fonte: elaborazione dell'Autore su dati Zephyr.*).

Aree	00	01	02	03	04	05	06	07	TotA
Europa	1			2	2	4	6	3	18
Usa+Can	1	2	3	3	4	10	5	8	36
Aus&NZ				2			2	2	6
India					6	4	1		11
EastAsia					8	2	1	2	13
Totali A	2	2	3	7	20	20	15	15	84

Tabella 4.2: Distribuzione del campione per gli anni 2008 − 2012 e per area geografica. (*Fonte: elaborazione dell'Autore su dati Zephyr. Nota: (a) somma dei Totali delle Tabb. 4.1 e 4.2.*)

Aree	08	09	10	11	12	TotB	Tot(A+B)[a]
Europa	4	2	4	4		14	32
Usa+Can	14	9	6	21	3	53	89
Aus&NZ	1		1	1		3	9
India	4	5	2	2		13	24
EastAsia	1		3	5		9	22
Totale B)	24	16	16	33	3	92	176

do così un campione finale composto da 176 società distribuite come riportato nelle Tabb. 4.1 e 4.2.

Le operazioni sono state numericamente molto contenute tra il 2000 ed il 2003, per poi accelerare tra il 2004 ed il 2011, e infine subire un nuovo rallentamento nell'ultimo anno. Tale andamento riflette l'impatto della crisi economica, confermando un maggior ricorso a questo tipo di operazioni in momenti di congiuntura economica negativa.

Per quanto riguarda l'area geografica di provenienza della società parent, si denota una netta predominanza di società nordamericane, seguite da quelle europee, indiane e dell'Asia orientale.

Al fine di comprendere se la pubblicazione, l'aspetto semantico della notizia di un'operazione di spin-off e il livello di attenzione degli investitori contribuiscano alla creazione o distruzione di valore per gli azionisti, la reazione del mercato all'annuncio dell'operazione, inteso come risultato della press release, viene osservata in relazione ad alcune variabili.

Innanzitutto il campione è stato suddiviso in operazioni di spin-off per le quali si sia o non si si avuta notizia sul WSJ.

Si è così ottenuto il risultato che, all'incirca per la metà del campione complessivo, la notizia è stata pubblicata:

 a) 90 operazioni di cui è stata data notizia;

 b) 86 operazioni di cui non è stata data notizia.

Il risultato è ragionevolmente riconducibile alla scelta del medium WSJ di pubblicare notizie di operazioni di questo generre che coinvolgano società di maggior rilievo[1].

Ci si è successivamente concentrati sui medesimi aspetti su cui la letteratura esaminata ha concentrato l'attenzione:

---

[1]Non a caso rientrano in questa porzione del campione società come Motorola, Fujitsu, GUS plc e altre.

1. il momento in cui è avvenuta la pubblicazione e si sono registrati i seguenti risultati:

   i) 66 eventi per i quali la notizia risulta pubblicata in data antecedente alla data dell'annuncio (cosiddetti rumor);

   ii) 14 eventi per i quali la notizia è apparsa in data successiva, ma non superiore a una settimana, dall'annuncio[2].

   iii) 5 eventi per i quali data di pubblicazione e dell'annuncio coincidono[3].

2. l'aspetto semantico della notizia, analizzato in termini di valenza positiva/negativa del contenuto e tono espositivo forte/debole e in base alle misure di sentiment adottate, e si sono registrati i seguenti risulatati:

   a) 30 casi per i quali la valenza del contenuto della notizia risulta positiva;

   b) 48 casi ove la valenza risulta negativa;

   c) 12 casi ove non risulta possibile definire il segno della valenza.

   d) 63 casi ove il tono espositivo risulta classificato come forte;

   e) 19 casi per i quali il tono viene identificato come debole.

3. la misura del livello di attenzione degli investitori, e si sono registrati i seguenti risulatati:

   i. 82 operazioni per le quali, nella settimana dell'annuncio si è registrato un volume di ricerche su Google anomalo;

---

[2]Dato che, come è noto, la settimana di borsa prevede 5 giorni lavorativi, ci si sta riferendo alla event window (0,5).

[3]Restano escluse 5 operazioni per le quali la data di pubblicazione della notizia, essendo successiva alla data dell'annuncio dell'operazione, non rientra nella event window (0,5).

    ii. 94 operazioni per le quali ciò non è accaduto.

4. infine, per verificare se, in caso di rumor, l'effetto sui rendimenti alla data dell'annuncio diverga da quello registrato alla data di pubblicazione della notizia, si è ripetuta la verifica empirica sulle 66 società che sono state oggetto di rumor, considerando però come event date, la data di pubblicazione.

4.5   Risultati dell'indagine

4.5.1   I risultati per l'intero campione

Le Tabb. 4.3 e 4.4 mostrano i CAR medi stimati per diverse finestre temporali con riferimento sia all'intero campione, sia alle operazioni di spin-off pubblicate sul WSJ.

Questo risultato supporta la tesi di Veld e Veld-Merkoulova (2004), secondo cui l'annuncio di un'operazione di spin-off è accolta positivamente dal mercato, generando ritorni mediamente positivi soprattutto attorno alla data dell'annuncio, per poi tornare su valori normali nei giorni successivi all'annuncio.

Vengono riportati anche i risultati del test di significatività (Z-stat) condotto, il valore minimo e massimo dei CAR calcolati e la percentuale di società che hanno sperimentato rendimenti anomali positivi. Il test di significatività dei CAR medi è stato condotto seguendo la procedura di Boehmer et al. (1991).

In relazione all'intero campione (Tab. 4.3), si evidenzia per la maggior parte delle event window considerate una creazione di valore per gli azionisti delle società coinvolte, ma statisticamente significativa solo per le finestre temporali (-1,1), (-1,0) e (0,1), in cui si registrano valori dei CAR medi rispettivamente del 1,34%, 1,04% e 0,59%.

Tabella 4.3: Event windows (Ew) e operazioni di spin-off relative all'intero campione. (*Note: valori % dei CAR. Gli esponenti (a), (b) e (c) indicano i livelli di significatività pari, nell'ordine, a 99,99 - 99 e 95%.*)

Ew	CAR medi	Z-stat	CAR min	CAR max	CAR pos
(-20,20)	-0,84	-0,517314	-83,38	123,63	51,14
(-15,15)	-1,00	-0,934293	-77,70	104,49	48,30
(-10,10)	-0,50	-0,247096	-75,01	48,77	51,14
(-5,5)	0,26	0,2 24916	-75,17	52,56	57,39
(-3,3)	0,19	0,615521	-74,93	34,71	52,27
(-1,1)	1,34	3,170220[a]	-26,82	29,02	55,68
(-1,0)	1,04	3,038745[b]	-20,17	29,50	57,39
(0,20)	-0,14	-0,170534	-58,28	80, 23	51,70
(0,15)	-0,39	-0,660276	-50,34	71,48	48,30
(0,10)	0,13	-0,147061	-63,06	45,95	48, 30
(0,5)	-0,07	-0,627445	-27,97	29,43	51,70
(0,3)	0,09	0,0658110	-25,23	23,68	48,86
(0,1)	0,59	2,057647[c]	-21,22	18,28	53,41

Al fine di comprendere se i rendimenti anomali cumulati siano riconducibili alla reazione del mercato e/o alla sua capacità di anticipare le notizie, l'analisi è stata realizzata su event window precedenti e successive alle date dell'annuncio e della diffusione della notizia.

Osservando le operazioni di spin-off la cui notizia è stata pubblicata nel WSJ (Tab. 4.4), vengono rilevati *CAR* medi positivi in tutte le event window considerate, ad eccezione delle finestre simmetriche (-20, 20) e (-15,15); tuttavia, assumono significatività statistica solo nella event window (-1,1), (-1,0) e (0,1), con

Tabella 4.4: Operazioni pubblicate sul WSJ: event windows (Ew), Z-stat e CAR. (*Note: valori % dei CAR. Gli esponenti (c) e (d) indicano i livelli di significatività pari, nell'ordine, a 95 e 90%.*)

Ew	CAR medi	Z-stat	CAR min	CAR max	CAR pos
(-20,20)	-0,56	-0,319283	-83,38	39,45	57,78
(-15,15)	-1,21	-0,900122	-77,70	48,73	51,11
(-10,10)	0,27	-0,008719	-75,01	48,77	54,44
(-5,5)	0,39	0,118444	-48,89	47,58	62,22
(-3,3)	1,02	0,991762	-48,04	34,71	60,00
(-1,1)	1,23	$2,404017^{c}$	-26,82	29,02	60,00
(-1,0)	0,91	$2,537416^{c}$	-17,66	29,50	63,33
(0,20)	0,79	0,006232	-58,28	80,23	56,67
(0,15)	0,39	-0,29424	-50,34	71,48	56,67
(0,10)	1,07	0,290697	-63,06	45,95	55,56
(0,5)	0,37	-0,2846	-27,97	29,43	60,00
(0,3)	0,79	0,734088	-13,57	23,68	60,00
(0,1)	0,73	$1,763277^{d}$	-16,63	18,28	60,00

un livello di confidenza del 95% per le prime due e del 90% per la finestra (0,1), individuando valori rispettivamente pari a 1,23%, 0,91% e 0,73%: la diffusione della notizia su stampa amplifica l'effetto generato dall'annuncio di un'operazione di spin-off, a supporto dei risultati di Huberman e Regev (2001).

Con riferimento ai risultati ottenuti in base al momento in cui la notizia viene diffusa sul WSJ si rilevano, in caso in cui l'operazione sia stata oggetto di rumors (Tab. 4.5), ritorni anomali in media positivi in quasi tutte le event window simmetriche e successive alla data dell'annuncio dell'operazione, ma significa-

Tabella 4.5: Rumors precedenti la pubblicazione della notizia: event windows (Ew), Z-stat e CAR.(*Note: valori % dei CAR. L'esponente (d) indica livelli di significatività pari al 90%.*)

Ew	CAR medi	Z-stat	CAR min	CAR max	CAR pos
(-20,20)	-0,21	-0,216495	-83,38	39,45	56,06
(-15,15)	-0,73	-0,912586	-66,90	48,73	46,97
(-10,10)	0,93	0,326834	-27,92	48,77	51,52
(-5,5)	0,75	0,212694	-20,03	47,58	59,09
(-3,3)	0,95	0,629496	-13,86	34,71	57,58
(-1,1)	1,18	$2,149921^d$	-7,81	24,29	57,58
(-1,0)	0,54	$1,851769^d$	-11,42	7,90	60,61
(0,20)	2,26	0,626446	-58,28	80,23	57,58
(0,15)	1,86	0,421834	-50,34	71,48	56,06
(0,10)	2,57	1,506197	-15,02	45,95	56,06
(0,5)	1,17	0,342627	-15,21	29,43	63,64
(0,3)	1,21	0,904865	-10,83	23,68	62,12
(0,1)	0,94	$1,649544^d$	-9,41	18,28	57,58

tivi dal punto di vista statistico nelle finestre temporali (-1,1), (-1,0) e (0,1).

Analogamente a quanto accade prendendo in considerazione la pubblicazione o meno della notizia sul WSJ (Tab. 4.4), l'effetto generato dall'annuncio di operazioni di spin-off sui rendimenti delle società coinvolte risulta quindi amplificato qualora la notizia sia diffusa su stampa in una data precedente l'annuncio, confermando i risultati di Gao e Oler (2011) secondo i quali i rendimenti di società che effettuano operazioni di takeover risultano influenzati dalla diffusione di rumors.

Tale effetto viene confermato per le operazioni di spin-off la cui notizia è stata pubblicata sul WSJ entro una settimana dal

Tabella 4.6: Operazioni pubblicate dopo l'annuncio: event windows (Ew), Z-stat e CAR. (*Note: valori % dei CAR. L'esponente (d) indica livelli di significatività pari al 90%.*)

Ew	CAR medi	Z-stat	CAR min	CAR max	CAR pos
(-20,20)	-4,39	-1,22783	-42,45	6,59	50,00
(-15,15)	-4,92	-1,198316	-53,08	8,75	42,86
(-10,10)	-0,87	-0,370524	-4,25	4,18	50,00
(-5,5)	-0,35	-0,250807	-4,97	6,26	50,00
(-3,3)	1,03	1,01446	-2,39	5,91	57,14
(-1,1)	1,33	1,619305	-3,12	7,18	71,43
(-1,0)	1,60	$1,652200^{d}$	-2,87	7,49	71,43
(0,20)	-3,04	-0,961689	-41,39	9,21	42,86
(0,15)	-3,93	-1,230286	-49,11	6,84	50,00
(0,10)	-0,47	-0,712853	-7,53	5,71	50,00
(0,5)	0,19	-0,255134	-3,29	7,37	64,29
(0,3)	1,05	0,894953	-2,70	5,37	78,57
(0,1)	1,39	$1,813875^{d}$	-2,88	6,76	78,57

suo annuncio (Tab. 4.6): nelle event window (-1,0) e (0,1) si osservano infatti rendimenti cumulati medi positivi e significativi. Questi risultati confermano quelli degli studi di Johnson et al. (2005) e di Huberman e Regev (2001), secondo i quali le testate giornalistiche di maggior rilievo possono influenzare i corsi azionari pur non fornendo alcuna nuova informazione: la pubblicazione della notizia dell'operazione di spin-off, sebbene non sia una notizia 'di prima mano' in quanto segue l'annuncio, contribuisce di fatto alla creazione di valore per gli azionisti.

Si sono poi osservati i CAR medi registrati in relazione alla valenza positiva o negativa del contenuto delle notizie delle

Tabella 4.7: Aspetto semantico della notizia: sentiment positivo. Event windows (Ew), Z-stat e CAR. (*Note: valori % dei CAR. L'esponente (a) indica livelli di significatività pari al 99,99%.*)

Ew	CAR medi	Z-stat	CAR min	CAR max	CAR pos
(-20,20)	-2,38	-0,703332	-62,96	20,51	60,00
(-15,15)	-2,66	-1,07672	-58,08	14,40	53,33
(-10,10)	-2,53	-0,840253	-75,01	13,19	56,67
(-5,5)	0,89	0,482255	-39,11	10,32	76,67
(-3,3)	1,51	1,695908^a	-8,26	11,12	63,33
(-1,1)	1,05	1,847926^a	-7,81	7,89	56,67
(-1,0)	0,87	1,485141	-8,33	7,90	63,33
(0,20)	-1,13	-0,724979	-46,13	11,84	53,33
(0,15)	-1,20	-0,979532	-39,43	10,71	56,67
(0,10)	-1,36	-0,681214	-63,06	11,46	63,33
(0,5)	0,38	-0,044623	-27,97	10,18	73,33
(0,3)	1,19	1,09775	-5,50	10,69	66,67
(0,1)	0,81	1,578762	-4,80	6,76	60,00

operazioni di spin-off e al tono espositivo adottato nella loro diffusione (Tabb. 4.7, 4.8, 4.9 e 4.10).

Relativamente al contenuto positivo delle notizie (Tab. 4.7), si rilevano rendimenti anomali cumulati medi positivi e statisticamente significativi nelle event window di 7 e 3 giorni: nel caso in cui la notizia dell'operazione di spin-off venga riportata positivamente dal WSJ, l'effetto generato sui rendimenti dei titoli delle società coinvolte attorno all'annuncio dell'operazione risulta amplificato.

Salvo l'event window (-15, 15), il cui valore negativo non assume significatività statistica, nel caso di contenuto negativo delle

Tabella 4.8: Aspetto semantico della notizia: sentiment negativo. Event windows (Ew), Z-stat e CAR. (*Note: valori % dei CAR. Gli esponenti (a) e (b) indicano livelli di significatività pari rispettivamente al 99,99 e al 99%.*)

Ew	CAR medi	Z-stat	CAR min	CAR max	CAR pos
(-20,20)	0,19	0,047697	-83,38	39,45	54,17
(-15,15)	-0,53	-0,405499	-66,90	48,73	43,75
(-10,10)	1,81	0,772991	-27,92	48,77	47,92
(-5,5)	1,08	0,108822	-20,03	47,58	52,08
(-3,3)	1,13	0,498692	-12,35	34,71	52,08
(-1,1)	1,50	$1,654974^a$	-6,14	29,02	56,25
(-1,0)	1,34	$2,071552^b$	-11,42	29,50	60,42
(0,20)	1,26	0,262986	-58,28	80,23	56,25
(0,15)	0,37	-0,079106	-50,34	71,48	54,17
(0,10)	1,96	1,010741	-15,02	45,95	50,00
(0,5)	0,38	-0,315286	-15,21	29,43	52,08
(0,3)	0,37	0,10453	-8,11	23,68	54,17
(0,1)	0,54	0,922857	-9,41	18,28	56,25

notizie assumono significatività statistica solo le event window (-1,1) e (-1,0). Questo risultato implica che, contrariamente alle aspettative, anche le notizie a valenza negativa hanno in media un impatto positivo sulle performance delle società coinvolte in operazioni di spin-off: l'effetto positivo dell'annuncio dell'operazione sembra prevalere nonostante il sentiment negativo espresso dai media (Tab. 4.8).

Analogamente, considerando i risultati relativi al tono espositivo adottato nella diffusione delle notizie, gli investitori reagiscono attorno alla data dell'annuncio dell'operazione di spin-off,

Tabella 4.9: Aspetto semantico della notizia: tono espositivo forte. Event windows (Ew), Z-stat e CAR. (*Note: valori % dei CAR. L'esponente (a) indica livelli di significatività pari al 99,99%.*)

Ew	CAR medi	Z-stat	CAR min	CAR max	CAR pos
(-20,20)	-2,05	-0,946803	-83,38	39,45	58,06
(-15,15)	-2,22	-1,066975	-77,70	48,73	54,84
(-10,10)	-1,28	-0,600333	-75,01	48,77	53,23
(-5,5)	0,07	-0,345219	-48,89	47,58	62,90
(-3,3)	0,52	0,256656	-48,04	34,71	58,06
(-1,1)	1,24	$1,751074^{a}$	-26,82	29,02	59,68
(-1,0)	0,85	$1,828751^{a}$	-17,66	29,50	59,68
(0,20)	-0,28	-0,764178	-58,28	80,23	58,06
(0,15)	-0,42	-0,676173	-50,34	71,48	56,45
(0,10)	-0,25	-0,562917	-63,06	38,24	50,00
(0,5)	-0,07	-0,810502	-27,97	29,43	56,45
(0,3)	0,55	0,273319	-13,57	23,68	56,45
(0,1)	0,70	1,437303	-16,63	18,28	59,68

in caso di notizie 'diffuse con forza' (Tab. 4.9)[4]: infatti le finestre temporali che presentano *CAR* medi statisticamente positivi sono quelle di 3 giorni attorno alla data dell'annuncio e a quella relativa alla event window.

Al contrario, in caso di notizie divulgate con un tono espositivo debole (Tab. 4.10), si rilevano rendimenti anomali cumulati medi positivi e significativi dal punto di vista statistico nelle event window (0,20) e (0,10): per le operazioni di spin-off la

---

[4]Probabilmente riguardanti le operazioni di spin-off effettuate dalle società più importanti che trovano divulgazione con una maggiore forza espositiva.Fatta salve l'event window (-15, 15), il cui valore negativo non assume significatività statistica.

Tabella 4.10: Aspetto semantico della notizia: tono espositivo debole. Event windows (Ew), Z-stat e CAR. (*Note: valori % dei CAR. Gli esponenti (a) e (b) indicano livelli di significatività pari rispettivamente al 99,99 e al 99%.*)

Ew	CAR medi	Z-stat	CAR min	CAR max	CAR pos
(-20,20)	4,00	1,560605	-9,84	27,93	57,89
(-15,15)	1,86	0,784514	-7,68	22,78	47,37
(-10,10)	4,06	1,091387	-8,47	30,66	52,63
(-5,5)	2,42	1,182641	-20,03	21,02	68,42
(-3,3)	2,55	1,150579	-6,89	22,16	57,89
(-1,1)	1,09	1,102524	-6,14	8,15	57,89
(-1,0)	1,23	1,541175	-2,87	6,76	68,42
(0,20)	4,09	1,758887^a	-10,24	29,06	63,16
(0,15)	2,59	1,571363	-5,73	17,06	63,16
(0,10)	4,66	2,134155^b	-5,08	45,95	73,68
(0,5)	1,78	1,6236	-11,11	10,13	78,95
(0,3)	1,28	0,888228	-6,84	13,56	73,68
(0,1)	0,42	0,244089	-9,41	6,76	57,89

cui notizia è diffusa con minore forza espositiva, si verifica un impatto sulle performance delle società coinvolte solo nella fase successiva all'annuncio dell'operazione.

Questo risultato implica che gli investitori reagiscano in ritardo rispetto alla diffusione di notizie diffuse con un tono espositivo debole, tanto da far registrare CAR medi positivi e significativi solo in una fase successiva all'annuncio dell'operazione di spin-off.

Infine, si osservano i CAR medi registrati in relazione alla presenza di livelli di attenzione anomali degli investitori nella settimana dell'annuncio dell'operazione di spin-off.

Tabella 4.11: Attenzione anomala degli investitori. Event windows (Ew), Z-stat w CAR. (*Note: valori % dei CAR.*)

Ew	CAR medi	Z-stat	CAR min	CAR max	CAR pos
(-20,20)	-4,50	-1,342951	-83,38	39,45	51,22
(-15,15)	-3,97	-1,251138	-77,70	48,73	45,12
(-10,10)	-2,41	-0,762543	-63,90	48,77	46,34
(-5,5)	-0,70	-0,38793	-48,89	47,58	53,66
(-3,3)	-0,65	-0,487374	-48,04	34,71	45,12
(-1,1)	0,70	1,537052	-26,82	24,29	51,22
(-1,0)	0,13	0,981161	-20,17	13,34	50,00
(0,20)	-1,39	-0,589623	-58,28	44,84	50,00
(0,15)	-1,46	-0,506369	-50,34	43,94	47,56
(0,10)	-0,51	0,101238	-29,84	38,24	45,12
(0,5)	-0,75	-0,652137	-25,69	29,43	45,12
(0,3)	-0,30	-0,195737	-25,23	23,68	45,12
(0,1)	0,33	1,285511	-21,22	18,28	50,00

Come si può notare (Tab. 4.11), si rileva l'assenza di reazioni significative da parte del mercato: i livelli di attenzione degli investitori sembrano lasciare sostanzialmente invariati i rendimenti dei titoli delle società coinvolte in operazioni di spin-off, contrariamente alle ipotesi formulate.

4.5.2 I risultati per gli spin-off oggetto di rumor

Come si può notare nella finestra temporale (-1,0), si registra un rendimento anomalo positivo e statisticamente significativo con un livello di confidenza del 95%: sembra quindi che gli inve-

stitori anticipino la diffusione del rumor a mezzo stampa, eviden-
ziando con ogni probabilità la presenza di investitori informati
sul mercato.

Tali risultati potrebbero anche essere interpretati come rive-
latori di un'attività di insider trading. Sebbene questa sia un'ipotesi plausibile, non sembra tuttavia verosimile in quanto l'attività
di insider trading tende ad essere condotta in modo occulto (ad
esempio, negoziando quantità piccole e ripetute nel tempo) proprio al fine di evitare variazioni anomale dei rendimenti del titolo
che segnalino al mercato l'evento prima della sua comunicazione
ufficiale e rivelino alle autorità l'attività illecita condotta.

Tabella 4.12: Spin-off oggetto di rumor sul WSJ rispetto alla data della pubblicazione della notizia. (*Note: valori % dei
CAR. Gli esponenti (c) e (d) indicano livelli di significatività
pari rispettivamente al 95 e al 90%.*)

Ew	CAR medi	Z-stat	CAR min	CAR max	CAR pos
(-20,20)	0,30	-0,067177	0,946441	-77,82	61,24
(-15,15)	0,48	-0,060743	0,951564	-61,97	46,54
(-10,10)	0,76	0,153647	0,877888	-73,51	48,29
(-5,5)	1,26	0,586012	0,557868	-59,32	56,33
(-3,3)	0,68	0,342817	0,731736	-55,30	60,60
(-1,1)	0,71	1,024306	0,305691	-42,81	33,81
(-1,0)	1,75	$2,193321^{c}$	0,028284	-21,84	30,72
(0,20)	-3,49	$-2,05457^{c}$	0,03992	-74,38	19,41
(0,15)	-2,74	$-1,735353^{d}$	0,082678	-59,54	21,31
(0,10)	-2,17	$-1,656223^{d}$	0,097677	-61,22	17,62
(0,5)	-1,67	-1,647443	0,099467	-50,03	19,87
(0,3)	-1,58	-1,392877	0,163657	-51,34	20,30
(0,1)	-1,21	-1,250726	0,211034	-43,49	19,04

La Tab. 4.12 mostra i CAR medi stimati per le operazioni di spin-off la cui notizia è stata diffusa sul WSJ in una data antecedente rispetto all'annuncio dell'operazione considerando come event date, la data di pubblicazione della notizia.

Nelle finestre successive alla data di pubblicazione del rumor, si realizza una distruzione di valore per gli azionisti delle società coinvolte in operazioni di spin-off. Questo risultato implica che, dopo una prima reazione positiva degli investitori che anticipa la diffusione della notizia, gli azionisti reagiscono negativamente alla pubblicazione del rumor sul WSJ, giudicandolo probabilmente meno attendibile rispetto all'annuncio ufficiale dell'operazione.

Dal confronto dei rendimenti anomali medi cumulati rispetto alla data dell'annuncio dell'operazione e alla pubblicazione del rumor sul WSJ (Tab. 4.13), si rileva che nelle finestre temporali simmetriche, con l'eccezione della event window (-1,1), è la diffusione del rumor a generare un extrarendimento.

Tale reazione risulta confermata per i CAR medi rilevati anche nella finestra (-1,0): gli investitori reagiscono in maniera significativa alla pubblicazione del rumor sul WSJ.

La notizia dell'operazione di spin-off produce un impatto sul comportamento degli investitori sia al momento della pubblicazione del rumor sul WSJ, sia al momento del rilascio dell'annuncio dell'operazione stessa: la reazione è però più evidente al momento della pubblicazione del rumor in cui si realizzano CAR medi superiori rispetto a quanto avviene in corrispondenza del rilascio dell'annuncio dell'operazione.

Il mercato quindi, non sconta completamente l'effetto generato dalla pubblicazione della notizia sul WSJ in una data precedente all'annuncio dell'operazione di spin-off: infatti al momento dell'annuncio si realizza comunque un rendimento anomalo medio cumulato positivo, sebbene più contenuto.

Tabella 4.13: Spin-off oggetto di rumor sul WSJ rispetto alla data dell'annuncio. (*Note: valori % dei CAR. Gli esponenti (c) e (d) indicano livelli di significatività pari rispettivamente al 95 e al 90%.*)

Ew	CAR medi	Z-stat	CAR min	CAR max	CAR pos
(-20,20)	-0,21	-0,216495	-83,38	39,45	56,06
(-15,15)	-0,73	-0,912586	-66,90	48,73	46,97
(-10,10)	0,93	0,326834	-27,92	48,77	51,52
(-5,5)	0,75	0,212694	-20,03	47,58	59,09
(-3,3)	0,95	0,629496	-13,86	34,71	57,58
(-1,1)	1,18	$2,149921^{c}$	-7,81	24,29	57,58
(-1,0)	0,54	$1,851769^{d}$	-11,42	7,90	60,61
(0,20)	2,26	0,626446	-58,28	80,23	57,58
(0,15)	1,86	0,421834	-50,34	71,48	56,06
(0,10)	2,57	1,506197	-15,02	45,95	56,06
(0,5)	1,17	0,342627	-15,21	29,43	63,64
(0,3)	1,21	0,904865	-10,83	23,68	62,12
(0,1)	0,94	$1,649544^{d}$	-9,41	18,28	57,58

Alcuni investitori sembrano quindi rimanere insensibili alla pubblicazione della notizia sul WSJ, attribuendo maggiore credibilità all'annuncio dell'operazione di spin-off.

Nelle finestre temporali successive è invece l'annuncio a creare valore per gli azionisti. Gli investitori nelle fasi successive alla diffusione dell'informazione, sembrano attribuire maggiore credibilità all'annuncio piuttosto che alla pubblicazione del rumor, in quanto essendo un comunicato ufficiale, 'li rassicura' circa la realizzazione dell'operazione.

4.6   Conclusioni

I media sono rilevanti nei processi di diffusione e circolazione delle notizie all'interno dei mercati finanziari. L'aspetto semantico, il livello e il momento di diffusione delle notizie possono contribuire alla formazione delle aspettative degli investitori sui rendimenti dei soggetti operanti sui mercati, migliorando altresì l'efficienza informativa del mercato.

Negli ultimi anni, i media hanno riservato uno spazio sempre maggiore alle operazioni di ristrutturazione societaria, fra cui spiccano le operazioni di spin-off, a cui le imprese hanno ricorso in misura sempre maggiore, in virtù della recente crisi finanziaria che ne ha messo in luce le debolezze sul piano industriale e finanziario ma che contemporaneamente, ha rappresentato un'opportunità per le imprese stesse di ripensare le strategie e le strutture interne al fine di rilanciare la crescita e la competitività.

In questo capitolo è stata verificata se la diffusione su stampa specializzata, l'aspetto semantico delle notizie di operazioni di spin-off, indagato in termini di valenza positiva o negativa del contenuto delle notizie e tono espositivo adottato nel loro rilascio, e livelli di attenzione degli investitori anomali amplifichino l'effetto generato dall'annuncio della stessa operazione di restrutturazione sulle performance delle società coinvolte.

Utilizzando il database Zephyr – Bureau Van Dijk, sono state selezionate 176 operazioni di spin-off effettuate tra il 2000 ed il 2012 da società parent quotate, di cui sia nota con certezza la data dell'annuncio dell'operazione (v. Tabb. 4.1 e 4.2. Di queste operazioni, 90 hanno avuto pubblicazione sul WSJ: le relative notizie (circa 105 per un numero di parole complessive di 94,383) sono state estratte dal database Factiva e, attraverso la metodologia della text analysis, se ne è definita la valenza positiva o negativa del contenuto ed il tono espositivo adottato.

I risultati dell'analisi condotta tramite event study, con osservazione dei rendimenti anomali su event window di diversa ampiezza, mostrano come l'annuncio di un'operazione di spinoff, considerato l'intero campione, generi tendenzialmente una creazione di valore per gli investitori delle società coinvolte, supportando le evidenze riscontrate dalla letteratura esistente secondo cui l'annuncio di un'operazione di spin-off è accolta positivamente dal mercato, generando ritorni mediamente positivi soprattutto attorno alla data dell'annuncio, per poi tornare su valori normali nei giorni successivi all'annuncio. Il solo annuncio operazione di spin-off si rileva quindi capace di liberare il valore economico nascosto all'interno della società parent.

Tale risultato appare ancora più evidente con riferimento alla reazione del mercato rispetto alle operazioni di spin-off la cui notizia è stata riportata sul WSJ: gli investitori sembrano quindi apprezzare le azioni delle società che effettuano operazioni di spin-off di cui si è dibattuto su stampa, amplificando l'effetto dell'annuncio sui rendimenti, soprattutto nel giorno successivo all'annuncio stesso.

Per quanto riguarda la pubblicazione sul WSJ, in accordo con la letteratura presa in esame, è apparso opportuno rilevare il momento in cui essa avviene. Analogamente a quanto accade prendendo in considerazione la pubblicazione o meno della notizia sul WSJ, l'effetto generato dall'annuncio di operazioni di spin-off sui rendimenti delle società coinvolte risulta quindi amplificato qualora la notizia sia diffusa su stampa in una data precedente l'annuncio, supportando i risultati di Gao e Oler (2011) secondo cui i rendimenti di società che effettuano operazioni di takeover risultano influenzati dalla diffusione di rumors. Tale effetto risulta ancora più evidente per le operazioni di spinoff la cui notizia è stata pubblicata sul WSJ entro una settimana dal suo annuncio, confermando quanto riscontrato dagli studi di Johnson et al. (2005) e di Huberman e Regev (2001), secondo cui le testate giornalistiche di maggior rilievo possono influenzare i corsi azionari pur non fornendo alcuna nuova informazione: la pubblicazione della notizia dell'operazione di spin-off, sebbene non sia una notizia 'di prima mano' in quanto segue l'annuncio della stessa, contribuisce di fatto alla creazione di valore per gli azionisti.

In base all'aspetto semantico delle notizie, con riguardo alla valenza positiva o negativa del contenuto si rileva che nel caso in cui 'si parli bene' dell'operazione su stampa, i rendimenti anomali medi risultano amplificati proprio attorno alla data dell'annuncio. Tuttavia, anche in caso di notizie a valenza negativa, il mercato reagisce positivamente all'annuncio dell'operazione: l'effetto positivo dell'annuncio dello spin-off sembra prevalere nonostante il sentiment negativo espresso dai media. In relazione al tono espositivo adottato nel rilascio delle notizie, si rileva che gli investitori reagiscono positivamente, in caso di notizie diffuse con maggiore enfasi e, con ogni probabilità riguardanti gli spin-off effettuati dalle società parent più importanti; al contrario, nel caso di notizie divulgate con minore forza espositiva, gli investitori reagiscono in ritardo rispetto all'annuncio dell'operazione di spin-off: l'aspetto enfatico della notizia rilasciata sembra quindi incidere più sul momento in cui avviene la reazione che sulla direzione della reazione stessa.

Contrariamente alle aspettative formulate e alle evidenze riscontrate in letteratura, livelli di attenzione anomali da parte degli investitori nella settimana dell'annuncio, lasciano sostanzialmente invariati i rendimenti dei titoli delle società coinvolte in operazioni di spin-off. Tuttavia l'assenza di significatività dei CAR in questo caso, non può essere interpretata come un segnale in base al quale il livello di attenzione degli investitori non determina alcuna reazione sul mercato: studi esistenti dimostrano come questa variabile incida perlopiù sui volumi scambiati.

Infine confrontando i rendimenti anomali medi cumulati registrati rispetto la data dell'annuncio con quelli relativi alla data di pubblicazione del rumor sul WSJ, si rileva che nelle finestre simmetriche, è la pubblicazione del rumor a generare un extra-rendimento, mentre nelle finestre successive è l'annuncio a creare valore per gli azionisti. Gli investitori sembrano attribuire maggiore credibilità all'annuncio piuttosto che alla pubblicazione del rumor, in quanto essendo un comunicato ufficiale, 'li rassicura' circa la realizzazione dell'operazione. Con riguardo alla event date considerata, la notizia dell'operazione di spin-off produce un impatto sul comportamento degli investitori sia al momento della pubblicazione del rumor sul WSJ, sia al momento del rilascio dell'annuncio dell'operazione stessa: la reazione è però più evidente al momento della pubblicazione del rumor in cui si realizzano CAR medi superiori rispetto a quanto avviene in corrispondenza del rilascio dell'annuncio dell'operazione.

Il mercato tuttavia, non sconta completamente l'effetto generato dalla pubblicazione della notizia sul WSJ in una data precedente all'annuncio dell'operazione di spin-off: infatti al momento dell'annuncio si realizza comunque un rendimento anomalo medio cumulato positivo, sebbene più contenuto.

Alcuni investitori sembrano quindi rimanere insensibili alla pubblicazione della notizia sul WSJ, attribuendo maggiore credibilità all'annuncio dell'operazione di spin-off.

La variabile media in caso di operazioni di spin-off quindi, assume rilevanza in quanto influenza il comportamento degli investitori: se la notizia dell'operazione di spin-off viene diffusa 'a mezzo stampa', indipendentemente dal momento in cui ciò avviene, l'operazione di spin-off genera una creazione di valore per gli azionisti, dimostrandosi ancora più efficace nel liberare il valore economico nascosto all'interno della società parent.

Future evoluzioni di quest'analisi potranno riguardare da un lato, ove possibile, la rimozione dei limiti delle metodologie e dei dati utilizzati di cui si è in precedenza discusso e dall'altro, l'inserimento di un'analisi di variabili che consentano di considerare se, e in quali condizioni, le caratteristiche degli investitori influenzino l'uso e l'elaborazione delle informazioni utilizzate.

Considerazioni conclusive

L'obiettivo che ci si era posti era di analizzare se, come e quanto i mercati finanziari reagiscano alle informazioni trasmesse dai media ma, in particolare, a mezzo stampa e, ancor più in particolare, con riferimento ad una operazione specifica (lo spin-off) tramite uno specifico medium (il WSJ).

L'analisi e la verifica empirica sono state condotte avvalendosi delle metodologie d'indagine (Cap. **??**) fin'ora esistenti in materia, delle quali si è dato dettagliatamente attraverso una corposa disamina della letteratura (Capitoli **??** e **??**), giungendo ad un interessane risultato: il WSJ ha influenzato le scelte degli investitori relativamente alle operazioni di spin-off transitate attraverso alcune Borse Valori (Cap. **??**).

La citata influenza del WSJ è stata riscontrata con riferimento a (§ 4.5.1 e § 4.5.2):

1. l'amplificazione della notizia, grazie alla press release distribuita dalla società madre;

2. ulteriori effetti amplificatori, qualora la pubblicazione sia successiva all'annuncio;

3. verifica dell'effetto 'influenza' sul comportamento degli investitori;

4. se ne può ragionevolmente inferire che i corsi azionari vengano condizionati dai due medesimi eventi (annuncio e pubblicazione della notizia);

5. di più: si è verificato che, qualora la notizia venga pubblicata prima dell'annuncio dell'operazione (rumor), al momento della pubblicazione il mercato non ne sconta completamente gli effetti sui rendimenti degli strumenti finanziari in circolazione; infatti essi fanno registare un'oscillazione di prezzo, sebbene più contenuta, anche al momento dell'annuncio dell'operazione;

6. infine, si è potuto verificare che, una parte di investitori attribuisce maggiore credibilità al comunicato ufficiale della società, forse perché 'rassicurati' dalla effettiva esecuzione dell'operazione, forse fondata su di una reputazione maturata in precedenza

Con riferimento poi agli aspetti semantici (§ 4.5.1), le informazioni sono state analizzate anche in base al loro contenuto, positivo o negativo, e ai toni più o meno enfatici con i quali vengono trasmesse. In questi casi, le ipotesi di partenza è stata verificata: il WSJ influenza le scelte degli investitori i quali, dimostrando di non essere completamente razionali, reagiscono non solo alle informazioni ma anche alle modalità con le quali esse vengono trasmesse.

Ben presente all'Autore sono alcuni aspetti fin qui apparentemente trascurati ma che rappresentano miglioramenti futuri della ricerca riguardanti la possibilità di considerare fra la stampa specializzata, diverse testate distinguendole tra stampa indipendente e stampa non indipendente; utilizzare un solo quotidiano finanziario nello specifico il WSJ, in questa sede è stata una scelta dettata dall'analisi semantica condotta: in questo modo infatti, è stato evitato il rischio di creare divergenze negli aspetti di sentiment che la medesima notizia avrebbe potuto avere su quotidiani differenti.

Difficile, ovviamente, generalizzare quanto emerso da questa ricerca, data la relativa esiguità della popolazione e dei fatti presi in esame; tuttavia futuri sviluppi delle ricerche sull'influenza dei media sulle scelte degli investitori sembrano proponibili e auspicabili sia con riferimento all'allargamento della popolazione indagata, sia alle operazioni prese in esame, sia con riferimento agli aspetti legati ai nuovi linguaggi e ai nuovi media forniti dallo sviluppo tecnologico: web, social, post, blog, tweet, emoticon, e quanto ancora si vedrà, volto a rappresentare gli stati d'animo e ad interpretare il sentiment degli investitori circa la notizia di un determinato evento con effetti sull'andamento dei mercati finanziari.

Altro elemento in cui è proponibile un miglioramento riguarda la tipologia di investitori influenzati. L'assunto alla base delle analisi finanziarie di natura comportamentale è che operatori di grandi dimensioni, investitori professionali e quelli istituzionali godendo di informazioni di tipo privilegiato, fruiscono dell'informazione prima della diffusione su stampa, ragion per cui la pubblicazione su di essa tende ad influenzare i piccoli e singoli investitori. Per tale ragione sviluppi futuri del lavoro considereranno gli investitori individuali distinguendoli tra quelli che hanno aderito a programmi di educazione finanziaria e quelli che non vi hanno partecipato e quindi maggiormente esposti al bias dell'overconfidence: al di là degli aspetti legati regolamentazione e agli obblighi di trasparenza infatti, l'unico meccanismo di protezione nelle mani dei piccoli risparmiatori è la conoscenza almeno di base, della rischiosità degli strumenti che si trovano ad utilizzare e/o a sottoscrivere.

Senza dimenticare ulteriori prospettive che si aprono, fin qui indagate dalla behavioral finance che sta spostando i propri interessi dalle originarie basi euristiche e bias cognitive, all'esame delle emozioni.

Appendice: indici di mercato utilizzati come benchmark

DJTM AUSTRALIA INDS METAL&MINING

DJTM AUSTRALIA TRAVEL&LEIS
DJTM AUSTRIA FINANCIALS
DJTM AUSTRIA INDS METAL&MINING
DJTM CANADA AIRLINES
DJTM CANADA INDS METAL&MINING
DJTM CANADA MINING
DJTM FINLAND UTILITIES
DJTM FRANCE PERS&H/H GDS
DJTM GERMANY AUTO&PARTS
DJTM GERMANY CHEMICALS
DJTM GERMANY CON & MAT
DJTM GERMANY ELTRO/ELEC EQ
DJTM GERMANY FINANCIALS
DJTM GERMANY INDS TRANSPT
DJTM GERMANY MEDIA
DJTM GERMANY MOBILE T/CM
DJTM GERMANY TECHNOLOGY
DJTM JAPAN AUTO & PARTS
DJTM JAPAN FD PRODUCERS
DJTM JAPAN INDS ENG
DJTM JAPAN INDS METAL & MINING
DJTM JAPAN TECHNOLOGY
DJTM JAPAN TELECOM
DJTM NEW ZEALAND FINANCIALS
DJTM NEW ZEALAND FXD LINE T/CM
DJTM NEW ZEALAND HEALTH CARE
DJTM NORWAY CONSUMER GDS
DJTM NORWAY FORESTRY & PAP
DJTM NORWAY INDS METAL & MINING
DJTM SOUTH KOREA BANKS
DJTM SOUTH KOREA CHEMICALS
DJTM SOUTH KOREA CON & MAT
DJTM SOUTH KOREA SUPPORT SVS
DJTM SPAIN ELECTRICITY
DJTM SWEDEN MOBILE T/CM
DJTM SWITZERLAND BANKS

FTSE INDIA AUTO&PARTS
TAIWAN SE ELECTRONICS
FTSE INDIA CHEMICALS
FTSE INDIA CON MAT
FTSE INDIA CONSUMER SVS
FTSE INDIA ELTRO/ELEC EQ
FTSE INDIA INDS ENG
FTSE INDIA INDUSTRIAL MET
FTSE INDIA OIL & GAS PROD
FTSE INDIA PERSONAL GOODS
FTSE INDIA PHARM & BIO
FTSE INDIA TELECOM

DJTM UK SOFT & COMPUTER SERVICES
DJTM UNITED KINGDOM FINANCIALS
DJTM UNITED KINGDOM MINING
DJTM UNITED STATES BANKS $
DJTM UNITED STATES CONSUMER SVS
DJTM UNITED STATES ELTRO/ELEC EQ $
DJTM UNITED STATES FINANCIAL SVS $
DJTM UNITED STATES FINANCIALS $
DJTM UNITED STATES FOOD & BEV $
DJTM UNITED STATES GEN RETAILERS $
DJTM UNITED STATES GENERAL INDS $
DJTM UNITED STATES HEALTH CARE $
DJTM UNITED STATES IND MET&MINING $
DJTM UNITED STATES MEDIA $
DJTM UNITED STATES OIL & GAS $
DJTM UNITED STATES PERSONAL GOODS $
DJTM UNITED STATES TECHNOLOGY $
DJTM UNITED STATES TELECOM $
DJTM UNITED STATES TOBACCO $
DJTM UNITED STATES TRAVEL & LEIS $
DJTM UNITED STATES HH GDS & HOME CON $

Riferimenti bibliografici

Antweiler W., Frank M.Z.
2004 *Is all that talk just noise? The information content of internet stock message boards*, 'Journal of Finance', 59/3: 1259-1293.

Armstrong, C. L., Gao, F.
2010 *Now tweet this: How news organizations use Twitter*, 'Electronic News', 4: 218-235.

Bagella M. (ed)
2007 *I mercati finanziari hanno un'anima? Corporate governance, eventi e news*, Bancaria Editrice, Roma.

Bagnoli M., Beneish M.D., Watts S.G.
1999 *Whisper forecasts of Quarterly Earnings per share*, 'Journal of Accounting and Economics', 28/1: 27-50.

Barber, B.M., Odean, T.
2003 *Trading Is Hazardous to Your Wealth: The Common Stock Investment Performance of Individual Investors*, 'Journal of Finance', 55: 773-806.

2008 *All That Glitters: The Effect of Attention and News on the Buying Behavior of Individual and Institutional Investors*, 'Review of Financial Studies', 21: 785-817.

Barberis N., Shleifer A., Vishny R.A.
1998 *Model of investor sentiment*, 'Journal of Financial Economics', 49: 307-343.
2005 *Comovement*, 'Journal of Financial Economics', 75: 283-317.

Bauman Z.
2003 *Modernità liquida*, Laterza, Roma-Bari.

Baumeister R.F., Bratslavsky E., Finkenauer C., Vohs K.D.
2001 *Bad is stronger than good*, 'Review of General Psychology', 5: 323–370.

Beitel P., Schiereck D.
2001 *Value creation at the ongoing consolidation of the European banking market*, University of Witten/Herdecke, Working Paper 05-01, 2001.

Beitel P., Schiereck D., Wahrenburg M.
2004 *Explaining M&A success in European banks*, 'European Financial Management', 10/1: 109-139.

Berry, T.D., Howe, K.M.
1994 *Public Information Arrival*, 'Journal of Finance', 49: 1331-1346.

Boehmer, E., Musumeci, J., Poulsen, A.
1991 *Event-Study Methodology under conditions of Event-Induced Variance*, 'Journal of Financial Economics', 30: 253-272.

Bolasco S.
2013 *L'analisi automatica dei testi. Fare ricerca con il text mining*, Carrocci, Roma.

Boreiko, D., Murgia, M. Which
2008 *Spin-offs generate value and performance improvements?*, Working paper.

Brief, A.P., Motowidlo, S.J.
1986 *Prosocial organizational behaviors*, 'Academy of Management Review', 11: 710-725.

Brown S.J., Warner J.B.
1980 *Measuring security price performance*, 'Journal of financial economics', 8: 205-258.

Campa J.M., Hernando I.
2004 *Shareholder value creation in European M&A's*, 'European Financial Management', 10/1: 47-81.

Campbell C.J., Wasley C.E.
1996 *Measuring Abnormal Daily Trading Volume for Samples of NYSE/ASE and NASDAQ Securities Using Parametric and Nonparametric Test Statistics*, 'Review of Quantitative Finance and Accounting', 6: 309-326.

Carretta A., Farina V., Fiordelisi F., Martelli D., Schwizer, P.
2011 *The impact of corporate governante press news on stock market returns*, 'European Financial Management', 17/1: 100-119.

Carretta, A., Farina, V., Graziano E.A., Reale M..
2013 *Does Investor Attention Influence Stock Market Activity? The Case of Spin-Off Deals*, in Mattarocci, G., Carretta, A., (eds) *Asset Pricing, Real Estate and Public Finance over the Crisis*, Palgrave Macmillan.

Carretta, A., Farina, V., Nako, A.
2012 *Web 2.0, mass media e circolazione delle notizie finanziarie: il caso dello spread btp-bund*, in Bracchi G., Masciandaro D. (eds), *La banca commerciale territoriale nella crisi dei mercati*, XVII Rapporto sul Sistema Finanziario Italiano, Fondazione Rosselli. Edibank - Bancaria Editrice, Milano.

Chemmanur, T. J. Yan, A.
2004 *A theory of corporate spin-offs*, 'Journal of Financial Economics', 72/2: 259-290.
2011 *Advertising, attention, and stock returns*, Working Paper, Boston College and Fordham University, 2011.

Chemmanur, T.J., He, S.
2016 *Institutional trading, information production and corporate spin-off*, 'Journal of Corporate Finance', 38: 54-76, 2016.

Chemmanur, T.J., Jordan, B.D., Liu, M.H., Wu, Q.
2010 *Antitakeover provisions in corporate spin-offs*, 'Journal of Banking & Finance', 34: 813-824.

Chemmanur, T.J., Liu, M.H.
2011 *Institutional trading, information production, and the choice between spin-offs, carve-outs, and tracking stock issues*, 'Journal of Corporate Finance', 17: 62/82.

Choi J.J., Laibson D., Me A.
2000 *Does the Internet Increase Trading? Evidence from Investor Behavior in 401(k) Plans*, NBER Working Papers 7878, National Bureau of Economic Research.

Choi, H., Varian, H.
2012 *Predicting the Present with Google Trends*, 'Economic Record', vol. 88/1: 2–9.

Chong B.S., Liu M.H., Tan K.H.
2006 *The wealth effect of forced mergers and cronyism*, 'Journal of Banking and Finance', 30: 3215-3233.

Cohen, L., Frazzini, A.
2008 *Economic links and predictable returns*, 'Journal of Finance', 63: 1977-2011.

Collet N.
2004 *Reactions of the London Stock Exchange to Company Trading Statement Announcements*, 'Journal of Business Finance and Accounting', 31/1-2: 3-35.

Copeland, T.E., Lemgruber, E.F. and Mayers, D.
1987 *Corporate spinoffs: multiple announcement and ex-date abnormal performance*, in Copeland, T.E. (ed.), *Modern Finance and Industrial Economics: Papers in Honor of J. Fred Weston*, Oxford: Basil Blackwell, 114–137.

Core, J.E., Guay, W.R., Larcker, D.F.
2008 *The Power of the Pen and Executive Compensation*, 'Journal of Financial Economics', 88: 1-25.

Coval J.D., Shumway T.
2001 *Is sound just noise?*, 'Journal of Finance', 56/5: 1887-1910.

Cummins J.D., Weiss M.A.

2004 *Consolidation in the European insurance industry: do mergers and acquisitions create value for shareholders?*, University of Pennsylvania, Financial Institution Center, Working Paper 04-02.

Cusatis, P. J., Miles, J. A., Woolridge, J. R.

1993 *Restructuring through spinoffs*, 'Journal of Financial Economics', 293-311.

Cutler, D.M., Poterba, J.M., Summers, L.H.

1989 *What Moves Stock Prices?*, 'Journal of Portfolio Management', 15: 4-12.

Da, Z., Engelberg, J., Gao, P.

2011 *In search of attention*, 'Journal of Finance', 65/5: 1461-1499.

Daley, L., Mehrotra, V., Sivakumar, R.

1997 *Corporate focus and value creation evidence from spinoffs*, 'Journal of Financial Economics', 257-281.

Damton, R.

1975 *Writing news and Telling Stories*, 'Daedalus', 104/2: 175-193.

Das S.R., Chen M.Y.,

2007 *Yahoo! for Amazon: sentiment extraction from small talk on the web*, 'Management Science', 53/9: 1375-1388.

De Angelo, H., De Angelo, L., Gilson, S.

1996 *Perceptions and the Politics of Finance: Junk Bonds and the Seizure of First Capital Life*, 'Journal of Financial Economics', 44: 475-511, 1996.

De Angelo, H., De Angelo, L., Gilson, S.

1994 *The Collapse of First Executive Corporation: Junk Bonds, Adverse Publicity and the 'Run on the Bank' Phenomenon*, 'Journal of Financial Economics', 36: 288-336.

Deephouse D.L.

2000 *Media reputation as a strategic resource: an integration of mass communication and resource-based theories*, 'Journal of Management', 26/6: 1091-1112.

Dell'Acqua A., Perrini F., Caselli S.
2010 *Conference calls and stock price volatility in the post – reg FD era*, 'Europeran Financial Management', 16/2: 256-270.

DellaVigna, S., Pollet, J.
2009 *Investor inattention and Friday earnings announcements*, 'Journal of Finance', 64: 709-749.

Desai, H., Jain, P. C.
1999 *Firm performance and focus: long-run stock market performance Following spinoffs*, 'Journal of Financial Economics', 54/1: 75-101.

Dodd P., Warner J.B.
1983 *On corporate governance. A study of proxy contest*, 'Journal of Financial Economics', 11: 401-438.

Doukas J.A., Kim C.F., Pantzalis C.
2005 *Two faces of analyst coverage*, 'Financial Management', 34/2: 99-125.

Dyck, A., Volchkova, N., Zingales, L.
2008 *The Corporate Governance Role of the Media: Evidence from Russia*, 'Journal of Finance', 63: 1093-1135.

Dyck, A., Zingales, L.
2002 *The Corporate Governance Role of the Media*, in R. Islam (Ed.) *The Right to Tell: The Role of the Media in Economic Development*, Washington, DC: The World Bank, 107-137.

Fama E.F.
1970 *Efficient capital markets: A review of theory and empirical work*, 'Journal of Finance', 25/2: 383-417.

Fama, E.F, Fisher, L., Jensen, M. C., Roll, R.
1969 *The Adjustment of Stock Prices to New Information*, 'International Economic Review', 10/1: 1-21.

Fehle, F.R., Tsyplakov, S., Zdorovtsov, V.M.
2005 *Can companies influence investor behaviour through advertising? Super bowl commercials and stock returns*, 'European Financial Management', 11, 625-647.

Fiske, S.T., Taylor, S.E.
1991 *Social cognition*, New York: McGraw-Hill.

Galai, D., Masulis, R. W.
1976 *The option pricing model and the risk factor of stock*, 'Journal of Financial Economics', 53-81.

Gao, Y., Oler, D.
2011 *Rumor and pre-announcement trading: why sell target stocks before acquisition announcement?*, 'Review of Quantitative Finance and Accounting', 11: 1-24.

Gibson, R., Zillmann, D.
1994 *Exaggerated versus representative exemplification in news reports: Perception of issues and personal consequences*, 'Communication Research', 21: 603-624, 1994.

Ginsberg J., Mohebbi MH., Patel RS., Brammer L., Smolinski MS., Brilliant L.,
2009 *Detecting influenza epidemics using search engine query data*, 'Nature', 457: 1012–14.

Gleason K., McNulty J.E., Pennathur A.K.
2005 *Returns to acquirers of privatizing financial services firms: an international examination*, 'Journal of Banking and Finance', 29: 2043-2065, 2005.

Gong, S.X.H., Gul, F.A.
2010 *Media coverage, stock price informativeness and investor trading behavior: evidence from China*, Midwest Finance Association Conference 2010, Las Vegas, February.

Graziano E.A., Vicentini F., Fontana S., Della Peruta M.R.
2016 *Look who's talking: Banking crisis, Bail-in and Mass-media*, in Vrontis D., Weber Y. and Tsoukatos E. (Eds.), *Innovation, Entrepreneurship and Digital Ecosystem*, Euromed Press – Emerald Conference, 2029-2033.

Habib, M.A., Johnsen, B.D., Naik, N.Y.
1997 *Spinoffs and information*, 'Journal of Financial Intermediation', 6: 153–176.

Hakansson, N.

1982 *Changes in Financial Market: Welfare and Price effects and the Basic Theorems of Value Conservation*, 'Journal of Finance', 37/4: 977.

Harrington, S., Shrider, D.

2007 *All events induce variance: analyzing abnormal returns when effects vary across firms*, 'Journal Financial and Quantitative Analysis', 42: 229-256.

Hayward, M.L.A., Rindova, V.P., Pollock, T.G.

2004 *Believing one's own press: the causes and consequences of CEO celebrity*, 'Strategic Management Journal', 25/7: 637-653.

Hite, G. L., Owers, J. E.

1983 *Security price reactions around corporate spin-off announcements*, 'Journal of Financial Economics', 409-436.

Hong H., Lim T., Stein J.

2000 *Bad news travels slowly: size, analyst coverage and profitability of momentum strategies*, 'Journal of Finance', 55: 265-295.

Hong, H., Kubik, J.D., Stein, J.C.

2004 *Social Interaction and Stock-Market Participation*, 'Journal of Finance', 59: 137-163.

Huberman, B. A., Romero, D. M., Wu, F.

2009 *Social networks that matter: Twitter under the micro-scope*, 2009, Available at SSRN: 14(1):8.

Huberman, G.

2001 *Familiarity Breeds Investment*, 'Review of Financial Studies', 14: 659-680.

Huberman, G., Regev, T.

2001 *Contagious speculation and a cure for cancer*, 'Journal of Finance', 56: 387–396.

Huson, M.R., MacKinnon, G.

2003 *Corporate spinoffs and information asymmetry between investors*, 'Journal of Corporate Finance', 9: 481-503.

Jensen, M.
1979 *Toward a Theory of the Press*, in K. Brunner (Ed.) *Economics and Social Institutions*, Boston, MA: Martinus Nijhoff, 267-287.

Joe, J.F., Louis, H., Robinson, D.
2009 *Managers and Investors Responses to Media Exposure of Board Ineffectiveness*, 'Journal of Financial and Quantitative Analysis', 44/3: 579-605.

Johnson J.L., Ellstrand A.E., Dalton D., Dalton C.
2005 *The influence of the financial press on stockholder wealth: the case of corporate governance*, 'Strategic Management Journal', 26/5: 461- 471.

Kahneman, D., Tversky, A.
1979 *Prospect Theory: An Analysis of Decision under Risk*, Econometrica, 47/2: 263-291.

Kang, J. and Stulz, R.M.
1997 *Why Is There a Home Bias: An Analysis of Foreign Portfolio Equity Ownership in Japan*, 'Journal of Financial Economics', 46: 3-28.

Kelly E.F., Stone P.J.
1975 *Computer Recognition of English Word Senses*, Amsterdam, North-Holland.

Krishnaswami, S., Subramaniam, V.
1999 *Information asymmetry, valuation, and the corporate Spin-off decision*, 'Journal of Financial Economics', 73-112.

Lehavy, R. and Sloan, R.
2008 *Investor Recognition and Stock Returns*, 'Review of Accounting Studies', 13: 327-361.

Li, K.
2004 *Confidence in the Familiar: An International Perspective*, 'Journal of Financial and Quantitative Analysis', 39: 47-68.

Liu P., Smith S.F., Syed A.A.
1990 *Price reaction to the Wall's Street Journal's securities recommendations*, 'The Journal of Financial and Quantitative Analysis' 25: 399-410.

Maxwell, W. F., Rao, R. P.
2003 *Do Spin-offs Expropriate Wealth from Bondholders?*, 'The Journal of Finance', 58/5: 2087-2108.

Mentz, M., Shiereck, D.
2008 *Cross-border Merger and Cross-border Effect: the case of automotive supply industry*, 'Review of Managerial Science', 2: 199-218, 2008.

Meyer B., Bikdash M., Dai X.
2017 *Fine-grained financial news sentiment analysis*, SoutheastCon, pp.1-8.

Michaely, R., Shaw, W.H.
1995 *The choice of going public: spin-offs vs. carve-outs*, 'Financial Management', 24: 5–21.

Miles, J. A., Rosenfeld, J. D.
1983 *The Effect of Voluntary Spin-off Announcements on Shareholder Wealth*, 'The Journal of Finance', 38: 1597-1606.

Mitchell, M.L., Mulherin, J.H.
1994 *The Impact of Public Information on the Stock Market*, 'Journal of Finance', 49: 923-950, 1994.

Moss, A.C.
2004 *A Content Analysis Study of Objectivity of Business Reports Relating to the Internet Stock Bubble on American News Networks by News Journalists*, Company Officials and Financial Analysts. Unpublished PhD Thesis, Capella University, .

Nanda, V., Narayanan, M.P.
1999 *Disentangling value: financing needs, firm scope, and divestitures*, 'Journal of Financial Intermediation', 8: 174–204.

Niederhoffer, V.
1971 *The Analysis of World Events and Stock Prices*, 'Journal of Business', 44: 193-219.

Niehaus G., Zhang D.
2010 *The impact of sell-side analyst research coverage on an affiliated broker's market share of trading volume*, 'Journal of Banking and Finance', 34: 776-787.

O'Reilly, T.
2005 *What is web 2.0? Design patterns and business models for the next generation of software*, O'Reilly Media Inc.

Osgood C.E., Suci G.J., Tannenbaum P.H.
1957 *The Measurement of Meaning*, University of Illinois Press, Urbana.

Parrino, R.
1987 *Spinoffs and wealth transfers: The Marriott case*, 'Journal of Financial Economics', 241-274.

Patell J.
1976 *Corporate forecast of earning per share and stock price behaviour: empirical tests*, 'Journal of Accounting Research', 14: 251-266, 1976.

Peng, L., Xiong, W., Bollerslev, T.
2007 *Investor attention and time-varying comovements*, 'European Financial Management', 13: 394-422.

Pollock T.G., Rindova V.P.
2003 *Media legitimation effects in the market for initial public offerings*, 'Academy of Management Journal', 46/5: 631-642, 2003.

Pollock, T.G., Rindova, V.P., Maggitti, P.G.
2008 *Market watch: information and availability cascades among the media and investors in the U.S. IPO market*, Academy of Management Journal, 51/2: 335-358.

Reeve, J.
1962 *Understanding motivation and emotion*. Fort Worth, TX: Harcourt Brace Jovanovich.

Riccelli, R., Toschi, N., Nigro, S., Terraciano, A., Passamonti, L.
2017 *Surface-based morphometry reveals the neuroanatomical basis of the five-factor model of personality*, 'Social cognitive affective neuroscience', 12/4: 671-684.

Rindova V.P., Pollock T.G., Hayward M.L.
2006 *Celebrity firms: the social construction of market popularity*, 'Academy of Management Review', 31/1: 50-71.

Rosenfeld, J. D.
1984 *Additional Evidence on the Relation Between Divestiture Announcements and Shareholder Wealth*, 'The Journal of Finance', 1437-1448.

Rozin, P., Royzman, E.
2001 *Negativity bias, negativity dominance, and contagion*, 'Personality and Social Psychology Review', 5: 296-320.

Ryan, P., Taffler, R.J.
2004 *Are Economically Significant Stock Returns and Trading Volume Driven by Firm-specific News Releases?*, 'Journal of Business Finance & Accounting', 31, 49-82.

Salter, M.S.
2008 *Innovation Corrupted: The Origins and Legacy of Enron's Collapse*, Cambridge, Mass.: Harvard University Press.

Schipper, K., Smith, A.
1983 *Effects of recontracting on shareholder wealth*, 'Journal of Financial Economics', 437-467.

Scholes M., Williams J.
1977 *Estimating betas from non-synchronous data*, 'Journal of Financial Economics', 5: 309-327.

Scholtens B., de Wit R.
2004 *Announcement effects of bank mergers in Europe and the US*, 'Research in International Business and Finance', 18: 217-228.

Scott M.
1999 *WordSmith tools*, Oxford, Oxford University Press.

Sharpe W.
1963 *A simplified model for portfolio analysis*, 'Management Science', 9/2: 277-293.

Shiller, R.J.
2005 *Irrational Exuberance*, Princeton, N.J.: Princeton University Press.

Shoemaker P., Reese, S.
1996 *Mediating the message: Theories of influence on mass media content*, New York: Longman.

Stiglitz, J.

1999 *Quis custodiet ipsos custodes?*, 'Corporate Governance Failures in the Transition Challenge', 42/6: 26-67.

2002 *Transparency in Government*, in R. Islam (Ed.) *The Right to Tell: The Role of the Media in Economic Development*, Washington, DC: The World Bank, 27-44.

Stone P.J., Dunphy D.C., Smith M.S., Ogilvie D.M.

1966 *The General Inquirer: a computer approach to content analysis, MIT studies in comparative politics*, Cambridge, MIT Press.

Stringa M., Monks A.

2007 *Inter-industry contagion between UK life insurers and UK banks: an event study, Bank of England*, Working Paper 325.

Tetlcok P.C.

2007 *Giving content to investor sentiment: the role of media in the stock market*, 'The Journal of Finance', 62/3: 1139-1168.

2008 *Saar-Tsechansky M., Mackassy S. More Than Words: Quantifying Language to Measure Firms' Fundamentals*, 'The Journal of Finance', 63/3: 1437-1467.

Tumarkin R., Whitelaw R.F.

2001 *News or noise? Internet message board activity and stock prices*, 'Financial Analyst Journal', 57/3: 41-51.

Veld, C. and Veld-Merkoulova, Y.V.

2004 *Do spinoffs really create value? The European case*, 'Journal of Banking and Finance', 28: 1111–1135.

2006 *The announcement effects and long-run stock market performance of corporate spin-offs: International evidence.* In Renneboog, L.D.R. (ed.), 'Advances in Corporate Finance and Asset Pricing', Amsterdam: Elsevier Science, 105–132.

2009 *Value creation through spin-offs: A review of the empirical evidence*, 'International Journal of Management Reviews', 11/4: 407-420.

Wu D.D., Zheng L., Olson D.L.

2014 *IEEE transactions on systems, man and cybernetics: systems*, 44/8: 1077-1087.

Wysocki P.D.
1998 *Cheap talk on the web: the determinants of postings on stock message boards*, University of Michigan Business School Working Paper No. 98025.

EIF-e.Book Editore (*http://www.eifebook.com/*), Settembrre 2017
ISBN 978-88-96639-26-9
Stampato e distribuito da Lulu Enterprises, Inc. (*www.lulu.com/*),
860 Aviation Parkway, Suite 300 - Morrisville, NC 27560 (U.S.A.) -
ID: 21462819.

www.ingramcontent.com/pod-product-compliance
Lightning Source LLC
Chambersburg PA
CBHW051225200326
41519CB00025B/7255